외할머니가 알려주는
최강 이유식

외할머니가 알려주는
최강 이유식

다밋
DAMEET

시작하며…

　고등학교 화학 교사로 출근하던 때 첫 손자가 태어났다. 직장 여성의 육아 상황을 잘 아는 터라, 6개월부터 시작하는 손주의 이유식을 내가 직접 만들어 주고 싶었다.
　손자의 첫 먹거리를 책임진다는 부담이 컸지만, 아기가 태어나 처음 맛보는 먹을거리를 외할머니인 내가 만든다는 사실이 설레어 부지런히 책을 읽고 인터넷을 검색하며 떨리는 마음으로 10개월을 보냈다.
　그리고 2년이 지난 후, 손녀가 태어났다. 이번에도 이유식을 만들어 주겠다고 나서고 싶었지만, 내가 몸이 좋지 않았던 탓에 그럴 수가 없었다. 딸은 딸대로 첫 직장에 적응하느라 바빠, 아기가 7개월일 때 비로소 이유식을 시작했다. 그 모습을 바라보면서 안쓰러웠고 미안한 마음이 컸다.
　그 후, 작은 딸이 아기를 낳았다. 작은 딸은 아기가 태어나자마자 내게 이유식을 부탁했다. 첫 손자 때는 헤매면서 이유식을 만들었지만, 이번에는 제법 자신이 있었다.
　6개월이 되었을 때 미음부터 먹이기 시작했는데, 손주가 숟가락으로 처음 먹는 건데도 어찌나 잘 받아먹던지 지금도 그 모습을 떠올리면 절로 미소가 지어진다.
　미음에서 죽으로, 무른 밥에서 진밥으로 바꿔 가는 동안 맛있게 먹는 손자 덕분에 무척 행복했다. 사위는 사위대로 백화점 수유실에 들러 집에서 만든 이유식을 데워 먹이다가 주변을 둘러보면 다들 시판하는 이유식을 먹이고 있더라면서 내게 고맙다고 했다.
　이유식을 만들어 먹이며 할머니와 자주 만나 도란도란 얘기를 나눈 덕분인지, 35개월이 된 지금도 손자가 외할머니를 좋아해 주니 이 또한 덤으로 얻게 된 큰 기쁨이다.
　손자가 쑥쑥 자라는 모습을 보며, 아기들은 이유식을 통해 인성을 배우고 건강을 다지고, 뇌력이 키워진다는 것을 절로 실감하게 되었다.

    첫 손자 이유식을 만들기 시작할 때부터 좋은 재료로 영양분이 풍부하고 깨끗한 이유식을 만들어 먹이고 싶어서 샐러드마스터 냄비와 인연을 맺기 시작했다.

    그리고 손주들이 시판하는 이유식보다 할머니가 만들어 준 이유식을 맛있게 먹고 무럭무럭 자라는 것을 보며, 다른 이들과도 이런 즐거움을 함께 하고 싶어졌다. 특히 초보 엄마, 아빠들과 이유식을 직접 만들어 먹이는 쉬운 방법을 공유하고 싶었다.

    그래서 내 경험을 바탕으로 재료와 분량, 비율을 표준화 해보았다. 먼저 초기 1, 2단계, 중기 1, 2단계, 후기 1, 2단계, 완료기로 이유식 전 과정을 7단계로 나누었다. 그리고 단계별로 미음, 6배 죽, 4배 무른 밥, 2배 진 밥을 쉽게 만드는 법을 설명하였다. 누구나 쉽게 만들 수 있도록 '이유식 레시피'를 정리한 셈이다.

    다지기 선수인 머신을 활용하는 법, 단백질과 채소를 한 냄비 속에서 한꺼번에 익히는 방법도 이 책 속에서 자세히 알려드리려고 한다. 혹시 더 궁금한 점이 있으면, 블로그와 유튜브 '할맘이유식'도 참고하시기 바란다.

    손주들에게 이유식을 만들어 주느라 자리를 비워도 혼자 꿋꿋이 집을 지키고 있어준 아이들 외할아버지, 나를 믿고 손주들의 이유식을 맡긴 두 딸들, 할머니가 만들어 주는 이유식을 맛있게 먹어준 손주들이 참 고맙다. 이 책이 나올 수 있도록 용기를 준 김혜란 님에게도 큰 감사를 드린다.

2025년 가을
정진숙

차례

시작하며 _ 004

1부 이유식

1. 이유식의 소중함 _ 010
2. 어떤 것을 어떻게 먹여야 하나 _ 011
3. 외할머니 최강 이유식의 좋은 점 _ 012

2부 이유식 진행 과정

1. 이유식 진행 과정 _ 014
2. 조리 도구 _ 016
3. 샐마 냄비와 머신으로 이유식 만들기 _ 017
4. 이유식 7단계 레시피 _ 018

3부 초기 이유식

1. 초기 이유식 레시피 _ 020
2. 초기 이유식 1단계 _ 021
   1 쌀 미음 • 022 | 2 찹쌀 미음 • 025
   3 당근 찹쌀 미음 • 028 | 4 청경채 쌀 미음 • 031
3. 초기 이유식 2단계 _ 034
   1 소고기 쌀 미음 • 035 | 2 소고기 오이 쌀 미음 • 038
   3 소고기 배 쌀 미음 • 041 | 4 닭고기 고구마 찹쌀 미음 • 044

4부 중기 이유식

1. 중기 이유식 레시피 _ 048
2. 중기 이유식 1단계 _ 049

   1 닭고기 단호박 죽 • 050 | 2 닭고기 비트 죽 • 053
   3 소고기 당근 죽 • 056 | 4 소고기 시금치 죽 • 058

3. 중기 이유식 2단계 _ 062

   1 닭고기 고구마 애호박 죽 • 063 | 2 닭고기 단호박 양송이 죽 • 066
   3 닭고기 사과 적채 죽 • 069 | 4 소고기 감자 표고버섯 죽 • 072

5부 후기 이유식

1. 후기 이유식 레시피 _ 076
2. 후기 이유식 1단계 _ 077

   1 닭고기 고구마 양파 무른 밥 • 078 | 2 닭고기 당근 콩나물 무른 밥 • 081
   3 닭고기 밤 부추 무른 밥 • 084 | 4 소고기 감자 비트 무른 밥 • 087
   5 소고기 브로콜리 양파 무른 밥 • 090 | 6 오징어 감자 배추 무른 밥 • 094

3. 후기 이유식 2단계 _ 097

   1 광어살 가지 부추 콩나물 무른 밥 • 098 | 2 달걀 감자 부추 연근 무른 밥 • 102
   3 닭고기 고구마 당근 팽이버섯 무른 밥 • 105 | 4 닭고기 밤 적채 팽이버섯 무른 밥 • 108
   5 명태살 두부 무 아욱 무른 밥 • 111 | 6 새우살 두부 아욱 팽이버섯 무른 밥 • 116
   7 소고기 두부 미역 양파 무른 밥 • 119 | 8 소고기 양배추 우엉 콩나물 무른 밥 • 122

6부 완료기

    1. 완료기 이유식 레시피 _ 126

    2. 완료기 이유식 _ 126

        1 달걀 감자 느타리버섯 청경채 진 밥 • 128 ㅣ 2 닭고기 고구마 애호박 콩나물 진 밥 • 131
        3 대게살 감자 애호박 파프리카 진 밥 • 135 ㅣ 4 돼지고기 가지 배추 사과 진 밥 • 139
        5 돼지고기 당근 미나리 양파 진 밥 • 142 ㅣ 6 돼지고기 무화과 부추 표고버섯 진 밥 • 146
        7 명태살 양배추 양파 파프리카 진 밥 • 149 ㅣ 8 새우살 아욱 표고버섯 풋콩 진 밥 • 152
        9 소고기 당근 애호박 양파 진 밥 • 156 ㅣ 10 소고기 두부 무 아욱 진 밥 • 159
        11 소고기 두부 미역 팽이버섯 진 밥 • 162 ㅣ 12 소고기 브로콜리 양파 토마토 진 밥 • 166
        13 오징어 비트 애호박 양파 진 밥 • 169

    3. 이유식을 처음 만들어보는 엄마들에게! _ 172

7부 이유식 식단 기록

    1. 초기 이유식 1단계 _ 174

    2. 초기 이유식 2단계 _ 175

    3. 중기 이유식 1단계 _ 177

    4. 중기 이유식 2단계 _ 181

    5. 후기 이유식 _ 184

    6. 완료기 이유식 _ 188

    7. 건강을 위한 제언 _ 192

        건강한 식단 • 192 ㅣ 당뇨식 • 193 ㅣ 노인식 • 194

1부

이유식

1. 이유식의 소중함

'먹는 음식이 그 사람을 만든다.'는 이야기는 모두 잘 알고 있는 말이다. 그런데 대부분의 사람들은 자신의 몸과 마음에 이로운 음식을 집에서 만들어 먹기보다 식당에서 만드는 달고 짜고 매운 자극적인 맛에 중독되어 살아간다.

이렇게 지내다 보면 은연 중에 아기들에게도 이런 입맛과 습관을 물려주게 될까봐 걱정이 된다. 모유나 분유를 갓 뗀 뒤에 시작하는 이유식이야말로 아이의 평생을 좌우하는 가장 중요한 음식이기 때문이다.

좋은 이유식은, 건강하게 자랄 수 있도록 몸의 골격을 제대로 갖추게 해주고 좋은 식습관을 형성하게 해주며 심성에도 영향을 미친다.

이유식의 중요함을 알려주는 의학 연구 사례에 우리가 관심을 가져야 할 이유는 차고 넘친다.

이유식을 먹어야 할 시기에 우유만 많이 먹으면, 우유 속에 들어 있는 성분이 인슐린을 만드는 췌장을 공격해 소아 당뇨의 원인이 된다는 연구도 그중 하나이다.

아토피나 알레르기의 원인이, 이유식으로 맛보지 못한 재료를 이유기가 지나고 난 다음에 먹게 되었을 때 몸이 그 음식을 받아들이지 못하는 탓이라는 학설도 있다.

손주에게 이유식을 만들어 먹이면서 아기가 편안하게 잘 자라는 모습을 보는 매 순간이 내게는 선물과 같았다. 음식은 가장 좋은 보약이어서 마음과 몸을 건강하게 해준다. 보약과 같은 이유식을 쉽게 만들어 먹이는 방법을 여러분에게도 알려드리고 싶다.

2. 어떤 것을 어떻게 먹여야 하나

   음식은 영양과 에너지와 맛이 각기 다 다르다. 처음 접하게 되는 음식 재료에 대한 정보가 아기의 몸에 제대로 입력되어야 그것을 기준으로 앞으로 접하게 되는 음식이 내게 좋은 것인지, 나쁜 것인지 아기는 제대로 구분할 수 있게 된다.

   그러므로 순수한 아기의 몸에 음식 재료의 정보가 제대로 입력될 수 있도록 돕는 것이 어른들이 해야 할 중요한 의무이다. 신선한 재료가 갖고 있는 좋은 영양소가 그대로 아기에게 잘 전해지려면 어떤 냄비로 어떻게 조리하여야 하는지, 어떤 그릇을 사용해야 하는지도 중요하다.

3. 외할머니 최강 이유식의 좋은 점

면역력 증강

모유와 이유식을 통해 몸의 기초를 튼튼하게 만든 아기는 그렇지 않은 아기에 비해 감기에 잘 걸리지 않으며, 걸리더라도 회복이 빠르다. 자신의 면역력으로 극복할 수 있기 때문이다.

인체의 신비로운 방어 체계로 무장된 아이는 자라면서 인스턴트 음식과 접하게 된다 하더라도 몸이 그런 음식을 반기지 않으니, 자동안전장치를 갖게 되는 셈이다.

건강한 장

장은 '제2의 뇌'라고 한다. 소화 효소가 잘 분비되어 장이 튼튼해지면, 뇌력이 좋아지고 집중력 또한 높아진다.

태어나서 몇 달 되지 않아 장 속에는 100조 가까운 미생물이 자리를 잡게 된다. 유익한 장내 미생물이 아기의 장 속에 자리 잡게 하려면 좋은 음식을 섭취해야 한다. 그리고 편식하지 않고 좋은 음식 습관을 가지기 위한 첫 출발은 어떤 이유식을 먹느냐에 달려있다.

심리적 안정감과 창의력 증대

이유식을 준비하는 할머니, 혹은 아빠 엄마의 마음은 남다를 수밖에 없다. 어른들이 즐거운 마음으로 만들어 주는 이유식을 아기가 맛있게 먹는 동안, 아기는 음식을 통해 전해지는 사랑을 느끼며 정서적으로 안정감을 갖게 되고, 나아가 좋은 인성을 가진 창의적인 어린이로 성장하게 될 것이다.

2부

이유식 진행 과정

1. 이유식 진행 과정

6개월이 되었을 때. 이유식을 시작한다.
이유식을 초기1, 2, 중기1, 2, 후기1, 2, 완료기로 7단계 나누어
미음, 죽, 무른 밥, 진 밥의 순서로 점차 변화를 준다.
  생후 6개월이 되었을 무렵, 초기 이유식 1단계를 시작하는 것이 좋다. 처음 이유식을 시작하는 초기에서는 불린 쌀 분량의 10배 되는 물을 넣어 밥을 짓고 채소 한 가지를 넣어 핸드블랜더로 갈고 거름망으로 걸러 아기에게 준다.
  소고기를 비롯해 여러 음식들을 아기에게 얼른 맛보게 해주고 싶겠지만, 아기가 미음을 맛있게 먹는지, 적응을 잘 하는지 살펴보며 7단계로 나누어 차근차근 계획대로 진행해서 이유기를 잘 마무리하도록 한다.
  필자는 생후 6개월 후반부터 초기 이유식 2단계를 시작했다. 아기가 닭고기 등 새로운 음식을 잘 먹는지 살펴보고, 7개월 중간부터 중기 이유식을 시작해도 좋다.
  7개월 무렵 아기가 이유식에 웬만큼 적응이 되면, 소고기를 첨가한다. 미음이지만, 채소를 맛보고 소고기 맛에도 익숙해졌다 싶으면 서서히 죽으로 바꾸어 가며 이유식 중기로 들어선다.
  필자의 경우, 아기에게 맛보여 주고 싶은 채소가 많아서 초기 단계에 비해 중기 1단계가 좀 길었다.
  그리고 9개월부터 중기 이유식 2단계를 시작했다. 중기 이유식 2단계로 넘어갈 무렵 채소를 한 가지 더 넣어 6배 죽을 만들어 준다. 이제 음식의 양이 꽤 많이 늘었다.
  후기 이유식에 들어설 무렵에는 중기 이유식 때보다 조금 더 되직하게 4배 무른밥을 만들어 해산물을 맛볼 수 있게 해주며, 채소 가짓수를 하나 더 늘린다. 해산물은 담백한 흰 살 생선이 좋다. 새우 살, 오징어 살, 대게 살과 멸치 등을 차차 먹인다.
  생후 10개월부터 후기 이유식을 시작했는데, 소고기, 닭고기, 해산물 이 세 가지 재료에 각각 채소들을 넣어 세 끼씩 사흘 먹을 분량을 한꺼번에 만들어 냉장고에 나누어 넣어두고 먹였다.

　반찬에 4배 무른 밥을 섞어 한소끔 끓인 후기 이유식을 아기가 그다지 즐겨 먹으려 하지 않아서 돌이 되기 10일 전에 완료기 이유식을 시작했다.
　완료기 이유식은 먼저 반찬을 세 가지 만들고, 2배 진밥을 지어 하루 세 끼 각기 다른 반찬으로 만들어 주었다. 아기가 밥을 먹을 때 밥과 반찬을 비벼 주었더니, 맛있게 잘 먹었다.
　돌이 지나고 13개월 무렵이 되면, 아기는 2배 진밥을 먹을 수 있게 된다. 이제 아기는 맵고 짜고 자극적인 음식 외에는 대부분의 음식을 먹을 수 있다. 소고기와 돼지고기, 닭고기, 해산물에 다양한 채소와 과일을 골고루 맛볼 수 있게 해주어 편식을 하지 않도록 신경을 쓴다.

1단계	2단계	3단계	4단계	5단계	6단계	7단계
초기 1	초기 2	중기 1	중기 1	후기 1	후기 2	완료기
						채소 3가지
				채소 2가지	채소 3가지	돼지고기
				해산물	해산물	해산물
		채소 1가지	채소 2가지	닭고기	닭고기	닭고기
	채소 1가지	닭고기	닭고기			
소고기	소고기	소고기	소고기	소고기	소고기	소고기
10배 미음	10배 미음	6배 죽	6배 죽	4배 무른 밥	4배 무른 밥	2배 진 밥

2. 조리 도구

　이유식을 대부분 샐러드마스터 냄비로 조리했다. 샐러드마스터 냄비는 최상의 스테인레스과 티타늄으로 만들어져 조리를 할 때 식재료의 양양소를 덜 파괴해 영양을 극대화 시켜주고, 식재료 본연의 맛을 제대로 느낄 수 있게 해주기 때문이다.
　한꺼번에 조리하는데도 신기하게 소고기나 돼지고기, 닭고기, 해산물 특유의 향이 다른 식재료에 배어들지 않는다. 그리고 채소 본연의 향과 색이 살아있으며 재료들이 각기 갖고 있는 비타민과 미네랄이 유지된다.
　다들 전기밥솥보다 냄비에서 밥을 짓는 것을 어려워한다. 밥을 지을 때 물의 양을 맞추기 어렵고, 곁에서 잘 지켜보고 있지 않으면, 밥이 심하게 눌어붙거나, 고두밥이 되거나, 질어서 맛이 반감되는 경우가 있기 때문이다. 그러나 필자는 샐러드마스터 냄비 고유의 기술인 '바포' 덕분에 저온에서 식재료 본연의 영양소를 지키며 냄비밥을 쉽게 지을 수 있었다.
　샐러드마스터 냄비는 반진공 상태에서 음식을 만들게 되므로 에너지와 시간을 2/3 정도 절약할 수 있다.

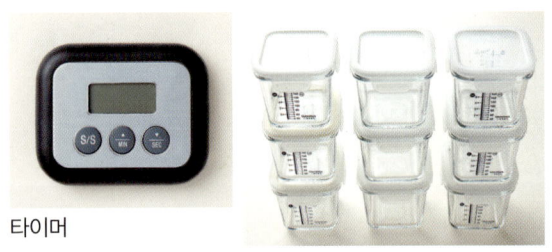

타이머

유리 용기

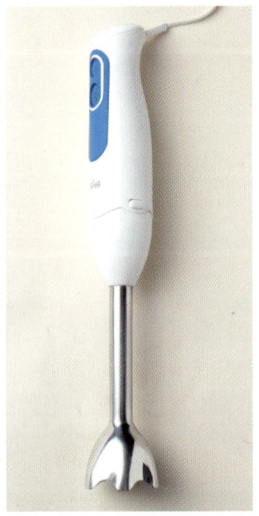

실리콘 이유식기　　　　전자 저울　　　　핸드블랜더

3. 샐마 냄비와 머신으로 이유식 만들기

아무리 싱싱하고 영양분이 많은 식재료라 하더라도 아기가 먹기 좋게 잘게 잘 다져야 하고, 목 넘김이 부드러워야 한다. 그런데 알갱이가 아기 목에 걸리지 않도록 부드럽게 갈거나 다지는 일이 생각보다 번거롭다. 여러 식재료와 주방기구들을 한꺼번에 사용하다 보면, 음식물 쓰레기도 수북이 나오고, 뒷정리하기도 만만찮다.

무엇보다, 칼과 도마나 핸드블랜더를 사용하는 과정에서 신선한 재료의 색이 변하고 신선도가 떨어지게 되며, 영양소가 파괴되는 것이 문제다.

그래서 식재료를 다질 때 필자는 식재료의 산화를 방지하고 본래 가진 영양소를 덜 파괴하기 위해 주로 머신을 사용했다. 머신을 칼 대신 사용하니, 재료의 색깔이 변하지 않았다. 또한 딱딱한 줄기도 머신 속에서 눌러지면서 아기가 먹기 편하게 부드러워지니, 영양분이 가장 많이 들어있는 껍질 부분을 최대한 버리지 않고 사용할 수 있었다.

이렇게 하니, 아기를 안느라 시큰거리는 손목과 손가락 관절을 잠시 쉬게 해 줄 수 있어서 좋았다.

샐러드마스터 머신

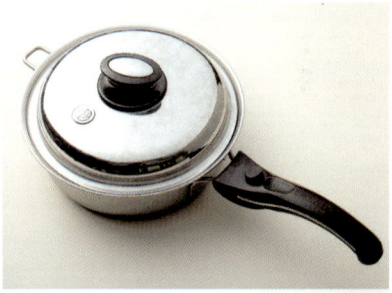

샐러드마스터 냄비

4. 이유식 7단계 레시피

단계		시작 시기	하루 횟수	1회 분량 (ml)	밥 종류	알갱이 크기	재료의 분량, 가짓수
초기	1	6개월 ~	1회	60	10배 미음	미세	쌀 20g 채소1 20g
	2	7개월 ~	1회	80	10배 미음	미세	쌀 20g 소고기 20g 채소1 20g
중기	1	8개월 ~	2회	100	6배 죽	밥 알갱이 1/4	쌀 40g 소고기 40g 닭고기 40g 채소1 40g
	2	9개월 ~	2회	120	6배 죽	밥 알갱이 1/4	쌀 40g 소고기 40g 닭고기 40g 채소1, 2 40g씩
후기	1	10개월 ~	3회	160	4배 무른 밥	밥 알갱이 크기	쌀 70g 소고기 70g 닭고기 70g 해산물 70g 채소1, 2 70g씩
	2	11개월 ~	3회	180	4배 무른 밥	밥 알갱이 크기	쌀 70g 소고기 70g 닭고기 70g 해산물 70g 채소1, 2, 3 70g씩
완료기		13개월 ~	3회	200 이상	2배 진 밥	밥 알갱이 2~3배	쌀 100g 소고기 100g 닭고기 혹은 돼지고기 100g 해산물 100g 채소1, 2, 3 100g씩

3부

초기 이유식

1. 초기 이유식 레시피

단계	시기	하루 횟수	한 끼 분량	밥 종류	재료	무게
1	6개월 ~	1회	60ml	10배 미음	쌀	20g
					채소1	20g
2	7개월 ~	1회	80ml	10배 미음	쌀	20g
					소고기	20g
					채소1	20g

   태어난 지 6개월이 되면 하루 한 번, 40~60ml 정도 초기 이유식을 먹을 수 있다. 쌀가루를 사용하는 것보다, 좋은 쌀을 사서 깨끗이 씻어 준비하는 것이 맛도 좋다.
   쌀을 불린 후, 냄비에 불린 쌀과 물불린 쌀 무게의 10배을 넣고 10배 죽을 만든다.
   10배 죽을 핸드블랜더도깨비 방망이 혹은 믹서로 갈아서 거름망으로 걸러 냄비에 넣어 뚜껑을 닫고 약한 불로 한소끔 끓이면 미음이 만들어진다.
   초기 이유식 1단계에서는 쌀미음을 시작으로 찹쌀 미음, 채소 미음 순으로 이유식을 준비한다.
   초기 이유식 2단계에서는 소고기 미음으로 시작해 소고기 채소 미음, 닭고기 미음, 닭고기 채소 미음을 먹인다.

2. 초기 이유식 1단계

　초기 이유식 1단계에서는 쌀이나 찹쌀과 부드럽고 향이 강하지 않은 채소를 식재료로 사용한다. 모든 재료의 양은 20g이다.
　이유식을 처음 시작을 할 때는 제일 먼저 쌀 20g으로 쌀미음을 만들어 아기에게 주도록 한다. 아기가 쌀미음을 잘 먹는다 싶으면, 찹쌀 20g으로 찹쌀 미음을 만들어준다. 그 다음에 한 가지 채소를 20g 정도 넣어 채소 쌀미음을 만들어준다. 초기 단계에 사용할 수 있는 채소로는 청경채, 비타민, 양배추, 오이, 양파, 감자, 고구마 등이 있다.

　이유식을 한 번 만들 때, 하루 한 끼씩 사흘 먹을 분량을 한꺼번에 만들도록 한다.
　쌀찹쌀 20g을 씻어서 생수에 30분 정도 불리고, 냄비에 불린 쌀찹쌀 무게의 10배 물쌀을 불릴 때 사용한 물+생수을 넣어 10배 죽을 만든다.
　채소 한 가지 20g을 냄비에 넣고, 물 1/4컵을 넣은 후 냄비 뚜껑을 닫고 중불에서 익히다가 바포가 울릴 때 불을 끄면, 채소가 알맞게 익는다.
　10배 죽과 익힌 채소를 핸드 블랜더나 믹서로 갈아서 거름망으로 거른 후, 냄비에 넣고 뚜껑을 닫은 채 약한 불에서 한소끔 끓이면 하루 한 끼씩 사흘 동안 아기가 먹을 수 있는 분량의 미음이 완성된다.

초기 이유식 1단계

1

쌀 미음

🌾 하루 한 끼씩 사흘 먹을 식재료 준비

쌀 20g, 불린 쌀 무게의 10배 생수

🌿 만드는 순서

1. 쌀가루가 아닌, 쌀 20g을 깨끗이 씻은 후 30분 이상 물에 담가 불린다.
2. 불린 쌀과 물쌀 무게의 10배을 냄비에 넣고 중불에서 끓이다가 바포가 울리면 약불로 낮춰 15분쯤 뜸을 들인 후 불을 끈다.
3. 냄비에 끓인 10배 죽을 핸드블랜더로 갈고 거름망으로 거른 후 약불에서 한소끔 끓여 쌀 미음을 완성한다.

* 불린 쌀의 무게는 대략 24.5g, 물은 불린 쌀 양의 10배인 245ml쯤 된다.

식재료 소개

오늘 처음으로 아기에게 맛보이는 음식은, 쌀을 가장 소화하기 좋도록 만든 '미음'이다. 사람에게 꼭 필요한 3대 영양소가 탄수화물, 단백질, 지방이라는 것은 누구나 다 잘 알고 있다. 그중에서 탄수화물의 대표선수는 쌀이다.

쌀은 우리 아기가 앞으로 가장 많이 먹게 될 중요한 음식 중의 하나가 될 것이다. 쌀눈에는 '가바'라는 단백질이 들어있어서 뇌가 발달하는데 꼭 필요하다.

쌀은 물에 씻어 30분 이상 불려야 한다. 이때 식물에 있는 유익한 화학물질인 파이토케미컬이 많이 나온다. 쌀이 가지고 있는 좋은 영양소를 아기가 제대로 섭취할 수 있게 해주려면, 시중에 파는 쌀가루를 쓰지 않고 쌀을 직접 사서 식재료로 쓰는 것이 좋다. 그리고 조리 과정에서 혹시 나쁜 것이 들어가거나 상할 수도 있으니 약한 불에서 한 번 더 끓인 후, 식혀서 아기에게 먹이도록 한다.

초기 이유식 1단계

2
찹쌀 미음

🌿 하루 한 끼씩 사흘 먹을 식재료 준비
찹쌀 20g, 불린 찹쌀 무게의 10배 생수

🌿 만드는 순서

1 찹쌀가루가 아닌, 찹쌀 20g을 깨끗이 씻은 후 30분 이상 물에 담가 불린다.
2 불린 찹쌀과 물찹쌀 무게의 10배을 냄비에 넣고 중불에서 끓이다가 바포가 울리면 약불로 낮춰 15분쯤 뜸을 들인 후 불을 끈다.
3 냄비에 넣고 끓인 10배 죽을 핸드블랜더로 갈고 거름망으로 거른 후 약불에서 한 소끔 끓여 찹쌀 미음을 완성한다.

* 불린 찹쌀의 무게는 대략 24.5g, 물은 불린 찹쌀 양의 10배인 245ml쯤 된다.
* 찹쌀은 찰기가 쌀보다 더 있다. 찹쌀 미음도 쌀 미음과 같은 방법으로 만들면 된다.

식재료 소개

쌀에는 찹쌀과 멥쌀이 있다. 우리가 평소에 '쌀'이라고 부르는 것은 대부분 멥쌀일 때가 많다. 멥쌀은 쌀알이 투명하고, 찹쌀은 불투명해서 쉽게 구분이 된다.

밥을 지어보면, 찹쌀은 멥쌀에 비해 찰지고, 멥쌀보다 성질이 따뜻하다. 그래서 예전부터 소풍이나 운동회 등, 집 밖에서 찬밥을 먹어야 할 때 찰밥을 지어 가져가곤 했다.

여름철이면 닭백숙에 찹쌀을 넣어 먹는데, 닭은 성질이 찬 음식이므로 속이 탈나지 않게 더운 성질의 찹쌀과 함께 먹는 것이다. 선조들의 이런 지혜가 놀랍다.

속을 따뜻하게 데워주고 소화하기 쉬운 찹쌀로 아기에게 이유식을 만들어 주도록 한다. 그런데 간혹 찹쌀에 알레르기 반응을 보이는 아기들이 있으니, 사흘 동안 찰밥을 먹이며 알레르기 반응이 나타나지 않는지 아기 몸을 잘 살핀다.

알레르기 반응이 있어도 너무 걱정할 필요는 없다. 처음 먹었을 때 알레르기 반응이 나타나더라도, 자라면서 대개 알레르기 반응이 없어지기 때문이다.

초기 이유식 1단계

3
당근 찹쌀 미음

🌿 **하루 한 끼씩 사흘 먹을 식재료 준비**

찹쌀 20g, 불린 찹쌀 무게의 10배 생수
당근 20g

🌿 만드는 순서

1. 찹쌀 20g은 깨끗이 씻은 후 30분 이상 물에 담가 불려둔다.
2. 당근 20g은 껍질째 깨끗이 씻어 머신으로 썰어둔다.
3. 불린 찹쌀과 물찹쌀 무게의 10배을 냄비에 넣고 중불에 끓이다가 바포가 울리면 약불로 줄여 15분 동안 뜸을 들인 후 불을 끈다.
4. 준비해둔 당근과 물 1/4컵을 냄비에 넣고 뚜껑을 닫은 후 중불에서 바포가 울릴 때까지 익힌 후 불을 끈다.
5. 끓인 10배 죽과 익힌 당근을 핸드블랜더로 갈아 거름망으로 거른 후 약불에서 한 소끔 끓여 당근 찹쌀 미음을 완성한다.

아기에게 들려주는 이야기

옛날 옛날에 우엉과 당근과 무가 같이 목욕을 갔단다.
맨 먼저 물에 들어간 우엉이 '앗 뜨거워!' 하며 뛰쳐나와 달아나는 바람에 우엉은 온몸이 흙투성이가 되고 말았대.
두 번째로 들어간 당근은 물이 뜨거운 데도 꾹 참고 물속에 몸을 오래 담그고 있었더니 온몸이 빨갛게 익고 말았지.
마지막으로 무가 물속에 들어갔대. 이때쯤 목욕하기 딱 좋게 물이 적당히 식어 있었단다. 무는 몸을 구석구석 천천히 깨끗하게 씻었대. 그래서 무가 하얀 거란다.

초기 이유식 1단계

4

청경채 쌀 미음

🌿 하루 한 끼씩 사흘 먹을 식재료 준비

쌀 20g, 불린 쌀 무게의 10배 생수
청경채 20g

🌿 만드는 순서

1. 쌀 20g은 깨끗이 씻은 후 30분 이상 물에 담가 불려둔다.
2. 청경채 20g은 깨끗이 씻어 잎 위주로 잘게 썰어둔다.
3. 불린 쌀과 물쌀 무게의 10배을 냄비에 넣고 중불에서 끓이다가 바포가 울리면 약불로 줄여 15분 정도 뜸을 들인 후 불을 끈다.
4. 준비해둔 청경채와 물 1/4컵을 냄비에 넣고 뚜껑을 닫은 후 중불에서 바포가 울릴 때까지 익힌 후 불을 끈다.
5. 끓인 10배 죽과 익힌 청경채를 핸드블랜더로 갈아 거름망으로 거른 후 약불에서 한소끔 끓여 청경채 쌀 미음을 완성한다.

식재료 소개

오늘 아기가 맛볼 채소는 청경채이다.

청경채는 수분이 많아서 씹으면 아삭거린다. 비타민C가 풍부하게 들어있고 칼슘, 칼륨, 나트륨 등 미네랄을 함유하고 있어서 치아와 골격 형성에 좋으며, 카로틴이 풍부해 피부에도 좋다. 또 식이섬유가 풍부해 배변 활동에 도움을 준다. 아기가 처음 먹게 되는 채소이므로 초기에는 잎만 식재료로 사용하다가, 점차 줄기도 사용한다. 청경채 대신 애호박, 비타민, 양배추, 브로콜리, 콜리플라워 등도 초기 이유식 식재료로 사용할 수 있다.

3. 초기 이유식 2단계

아기가 7개월쯤 되었을 때부터 초기 2단계 이유식을 하루 한 번, 한 끼에 60~80ml 정도 되는 양을 먹을 수 있도록 준비한다.

초기 이유식 2단계에서는 10배로 묽게 만든 죽에 소고기 익힌 것을 함께 넣고 갈아서 걸러낸 소고기 쌀미음으로 시작한다.

아기가 소고기 쌀미음을 맛있게 먹고 소화를 잘 시키고 있다고 생각되면, 소고기에 채소를 한 가지 넣어 소고기＋채소＋쌀미음을 만들어 준다.

한꺼번에 하루 한 끼씩 사흘 동안 먹을 수 있는 분량을 만들어야 하므로 먼저 쌀혹은 찹쌀 20g을 씻어서 생수에 30분 정도 불린다. 그리고 불린 쌀혹은 불린 찹쌀과 물불린 쌀 무게의 10배을 냄비에 넣어 10배 죽을 만들어야 한다.

먼저, 다진 소고기 20g을 찬물에 30분 이상 담가 핏물을 빼놓는다. 동네 정육점에 가서 이유식에 사용할 소고기를 사겠다고 하면, 기름기 없는 부위로 다져준다. 유기농 매장에서도 이유식용 다진 소고기를 쉽게 구할 수 있다.

싱싱한 채소를 한 가지 20g 정도 준비해둔다.

냄비에 소고기와 채소 한 가지를 넣고 물 1/4컵을 두른 후, 냄비 뚜껑을 닫고 중불에서 익히다가 바포가 울리면 불을 끈다.

10배 죽과 익힌 소고기와 채소를 핸드블랜더나 믹서로 간 후 거름망으로 걸러낸다.

걸러낸 미음을 다시 냄비에 넣은 후, 뚜껑을 닫고 약한 불에서 한소끔 끓이면 하루 한 끼씩 사흘 동안 먹을 분량의 미음이 완성된다.

초기 이유식 2단계

1

소고기 쌀 미음

🌿 하루 한 끼씩 사흘 먹을 식재료 준비

쌀 20g, 불린 쌀 무게의 10배 생수
다진 소고기 20g

🌿 만드는 순서

1 쌀 20g은 깨끗이 씻은 후 30분 이상 물에 담가 불려둔다.
2 다진 소고기 20g은 찬물에 30분 이상 담가 핏물을 뺀 후 건져둔다.
3 불린 쌀과 물쌀 무게의 10배을 냄비에 넣고 중불에서 끓이다가 바포가 울리면 약불로 줄여 15분 동안 뜸을 들인 후 불을 끈다.
4 준비해둔 다진 소고기와 물 1/4컵을 냄비에 넣고 뚜껑을 닫은 후 중불에서 바포가 울릴 때까지 익힌 후 불을 끈다.
5 끓인 10배 죽과 익힌 소고기를 핸드블랜더로 갈아 거름망으로 거른 후 약불에서 한소끔 끓여 소고기 쌀 미음을 완성한다.

식재료 소개

소고기는 피를 만들어 주는 철분이 들어있어서 빈혈을 예방하며, 아연이 들어 있어서 백혈구 생성을 도와주고, 단백질이 풍부해 뼈와 근육을 튼튼하게 만들어 주며, 비타민 B12가 들어있어서 성장에 도움이 된다.

이유식 중기 이후부터는 소고기가 들어간 이유식을 하루 한 끼 먹을 수 있게 준비한다. 소고기 같은 육류는, 몸무게의 0.1%만 먹어도 충분한 단백질 공급원이 된다. 그러므로 지나치게 많이 먹지 않아도 된다.

소고기를 이유식에 사용할 때는, 찬물에 30분 이상 담가 핏물을 빼낸 후 조리를 하는 게 좋다. 그래야 소고기를 더 맛있게 먹을 수 있다.

2
소고기 오이 쌀 미음

🌾 하루 한 끼씩 사흘 먹을 식재료 준비

쌀 20g, 불린 쌀 무게의 10배 생수
다진 소고기 20g, 오이 20g

🌿 만드는 순서

1. 쌀 20g은 깨끗이 씻은 후 30분 이상 물에 담가 불려둔다.
2. 다진 소고기 20g은 찬물에 30분 이상 담가 핏물을 뺀 후 건져둔다.
3. 오이 20g은 껍질째 깨끗이 씻어 머신으로 썰어둔다.
4. 불린 쌀과 물쌀 무게의 10배을 냄비에 넣고 중불에서 끓이다가 바포가 울리면 약불로 줄여 15분 정도 뜸을 들인 후 불을 끈다.
5. 준비해둔 다진 소고기, 오이와 물 1/4컵을 냄비에 넣고 뚜껑을 닫은 후 중불에서 바포가 울릴 때까지 익힌 후 불을 끈다.
6. 끓인 10배 죽과 익힌 소고기, 오이를 핸드블랜더로 갈아 거름망으로 거른 후 약불에서 한소끔 끓여 소고기 오이 쌀 미음을 완성한다.

식재료 소개

소고기와 채소를 함께 먹으면 균형 잡힌 영양소를 섭취할 수 있으며, 맛도 좋아진다. 소고기와 어울리는 채소에는 비타민, 시금치, 표고버섯, 당근, 키위, 애호박, 양배추, 팽이버섯, 새송이버섯, 콩나물, 아욱, 무, 배 등이 있다.

특히 브로콜리는 비타민C가 풍부해 소고기에 부족한 영양소를 보충해 준다.

깻잎은 비타민A, C, K가 풍부하고 식이섬유가 많아 소화에 도움이 되며 깻잎의 향긋한 향이 소고기의 풍미를 더해준다. 양파는 단맛과 매운맛을 가지고 있어서 소고기의 느끼함을 잡아준다.

버섯은 단백질과 식이섬유가 풍부하고 칼로리가 낮아 다이어트에도 좋다.

파는 비타민A, C, E가 풍부하며 항산화 효과가 있고 파 매운맛이 소고기의 풍미를 더 좋게 해준다.

소고기와 궁합이 잘 맞지 않는 채소로는 고구마, 부추, 밤이 있다. 특히 부추는 성질이 따뜻한 식재료여서 성질이 찬 닭고기나 돼지고기와 함께 먹으면 좋다.

초기 이유식 2단계

3
소고기 배 쌀 미음

🌿 하루 한 끼씩 사흘 먹을 식재료 준비

쌀 20g, 불린 쌀 무게의 10배 생수
다진 소고기 20g, 배 20g

🌿 만드는 순서

1. 쌀 20g은 깨끗이 씻은 후 30분 이상 물에 담가 불려둔다.
2. 다진 소고기 20g은 찬물에 30분 이상 담가 핏물을 뺀 후 건져둔다.
3. 배 20g은 깨끗이 씻어 껍질째 작은 크기로 잘라둔다.
4. 불린 쌀과 물쌀 무게의 10배을 냄비에 넣고 중불에서 끓이다가 바포가 울리면 약불로 줄여 15분 정도 뜸을 들인 후 불을 끈다.
5. 준비해둔 다진 소고기, 배와 물 1/4컵을 냄비에 넣고 뚜껑을 닫은 후 중불에서 바포가 울릴 때까지 익힌 후 불을 끈다.
6. 끓인 10배 죽과 익힌 소고기, 배를 핸드블랜더로 갈아 거름망으로 거른 후 약불에서 한소끔 끓여 소고기 배 쌀 미음을 완성한다.

식재료 소개

과일은 식초나 소금 또는 베이킹 소다에 10분 정도 담가두었다가 흐르는 물에 씻은 후 껍질째 사용한다.

이유식을 만들 때 사과, 배, 바나나, 포도, 복숭아, 딸기, 오렌지, 키위 등을 식재료로 사용하게 되면, 따로 간식을 먹이지 않아도 필요한 영양분을 섭취할 수 있으며, 맛도 좋다.

초기 이유식 2단계

4

닭고기 고구마 찹쌀 미음

🌿 하루 한 끼씩 사흘 먹을 식재료 준비

찹쌀 20g, 불린 찹쌀 무게의 10배 생수

닭고기안심살 20g, 고구마 20g, 분유+찬물이나 쌀뜨물(잡내 제거)

🌿 만드는 순서

1. 찹쌀 20g은 깨끗이 씻은 후 30분 이상 물에 담가 불려둔다.
2. 닭고기 20g을 잘게 썰어서 분유를 탄 찬물이나 쌀뜨물에 30분 이상 담가 잡내를 없앤 후 건져둔다. 아예 다진 닭고기를 구입해 써도 좋다.
3. 고구마 20g은 껍질째 깨끗이 씻어 머신으로 썰어둔다.
4. 불린 찹쌀과 물찹쌀 무게의 10배을 냄비에 넣고 중불에서 끓이다가 바포가 울리면 약불로 줄여 15분 동안 뜸을 들이고 나서 불을 끈다.
5. 준비해둔 다진 닭고기, 고구마와 물 1/4컵을 냄비에 넣고 뚜껑을 닫은 후 중불에서 바포가 울릴 때까지 익힌 후 불을 끈다.
6. 끓인 10배 죽과 익힌 닭고기, 고구마를 핸드블랜더로 갈아 거름망으로 거른 후 약불에서 한소끔 끓여 닭고기 고구마 찹쌀 미음을 완성한다.

식재료 소개

이유식에 주로 사용하는 닭고기 부위는 기름기가 적은 닭가슴살이나 안심이다. 유기농 매장에 가면, 갈아서 소분해 담아놓은 제품이 있으므로 바쁠 때 사용하기 편하다. 닭고기를 덩어리째 구입하면 기름과 힘줄을 제거하고 사용해야 한다.

아기가 분유를 먹는 단계이므로 우유보다 분유에 담가두는 게 더 좋다. 분유는 물에 잘 녹고, 우유보다 잡내를 없애는데 더 탁월하다. 쌀뜨물에 담갔다가 헹구어 사용해도 된다.

닭고기에는 단백질이 풍부하지만, 식이섬유가 부족한 편이므로 식이섬유가 풍부한 채소를 같이 섭취하면 영양소 균형을 맞추는데 도움이 된다. 양배추에 들어있는 비타민U는 위 점막을 보호하고 소화 흡수를 도와주며, 식이섬유는 닭고기의 느끼함을 잡아준다.

닭고기와 궁합이 좋은 재료에는 브로콜리, 시금치, 팽이버섯, 표고버섯, 당근, 키위, 단호박, 청경채, 비트, 콩나물, 부추, 대추, 녹두, 구기자, 밤 등이 있다. 그러나 닭고기와 자두는 잘 어울리지 않는다.

4부

중기 이유식

1. 중기 이유식 레시피

단계	시기	하루 횟수	한 끼 분량	밥 종류	재료	무게
1	8개월~	2회	100ml	6배 죽	쌀	40g
					소고기 혹은 닭고기	40g
					채소1	40g
2	9개월~	2회	120ml	6배 죽	쌀	40g
					소고기 혹은 닭고기	40g
					채소1	40g
					채소2	40g

　8개월이 되면 아기들은 이유식을 하루 두 번씩 먹을 수 있게 된다.
　중기 이유식은 쌀, 고기, 채소의 양이 각각 40g이므로 한 끼에 먹는 양이 100ml 이상으로 늘어난다.
　초기 이유식 때는 10배 죽을 끓여 미음을 만들어 먹였는데, 이제부터 6배 죽으로 서서히 바꾸어 먹인다. 익힌 재료의 알갱이 크기가 밥알의 1/4 정도가 되도록 핸드블랜더나 믹서로 갈아준다.
　이 시기의 주요 단백질원은 소고기와 닭고기이다. 다양한 채소 중에서 한 가지를 골라 소고기와 채소 한 가지, 혹은 닭고기와 채소 한 가지를 넣어 하루에 두 끼 이유식을 먹을 수 있도록 준비한다.
　소고기닭고기를 300~400g 정도 구입해 전자저울로 잰 후 바로 한 끼씩 사흘치 분량 40g으로 나누어 비닐 팩이나 작은 용기에 넣어 냉동 보관한다. 이유식을 만들 때 냉동실에서 꺼내어 찬물분유를 탄 찬물이나 쌀뜨물에 담가두면 해동이 되면서 잡내가 없어지므로 편리하다.
　이유식이라 조심스러워서 처음에는 단백질 재료와 채소들을 따로 익혔지만, 몇 번 만들어 본 후 한꺼번에 익히게 되었다.
　샐러드마스터 냄비에 모든 재료를 한꺼번에 넣고 같이 익히니, 각각의 향과 빛깔이 그대로 살아있었으며, 시간도 절약되었다.

2. 중기 이유식 1단계

　중기 이유식 1단계에서는 하루 두 끼씩 사흘 먹을 분량을 만들어야 하므로 쌀 40g×2끼=80g을 씻어 생수에 30분 정도 불린다.
　불린 쌀의 무게를 재고 그 무게의 6배 물을 냄비에 담아 6배 죽을 만든다. 여섯 끼 먹을 죽을 한꺼번에 지은 후, 2등분하여 반은 소고기 채소 죽에 나머지 반은 닭고기 채소 죽에 각각 재료로 사용한다.
　낮에 소고기 채소 죽을 먹이고 저녁에 닭고기 채소 죽을 먹이거나, 낮에 닭고기 채소 죽을 먹이고 저녁에 소고기 채소 죽을 먹이는 식으로, 아기가 번갈아가며 다른 종류의 고기와 채소를 맛볼 수 있도록 한다.
　소고기 40g은 찬물에 담가 핏물을 뺀다.
　닭고기는 분유를 탄 찬물이나 쌀뜨물에 담가 잡내를 없앤다.
　소고기와 어울리는 채소 한 가지 40g을 넣어 이유식을 만들어 놓고, 닭고기와 어울리는 채소 한 가지 40g을 넣어 이유식을 만든다.
　소고기와 채소 한 가지를 한 냄비에 넣고 뚜껑을 닫은 후 중불에서 익히다가 바포가 울리면 불을 끈다.
　닭고기와 채소 한 가지로 이유식을 만들 때도 마찬가지다. 한 냄비에 넣고 뚜껑을 닫은 후 중불에서 익히다가 바포가 울리면 불을 끈다.
　6배 죽을 2등분해 그 중 반과 익힌 소고기+채소 한 가지를 밥알 크기의 1/4 정도가 되도록 믹서로 갈아 냄비에 넣고 뚜껑을 닫은 후 약불에서 한소끔 끓인다. 그러면 하루 한 끼씩 사흘 동안 아기가 먹을 소고기 채소 죽이 완성된다.
　같은 방법으로, 반 남은 6배 죽과 익힌 닭고기+채소 한 가지를 밥알 크기의 1/4 정도가 되도록 믹서로 갈아 냄비에 넣고 뚜껑을 닫은 후 약불에서 한소끔 끓인다. 그러면 하루 한 끼씩 사흘 동안 아기가 먹을 닭고기 채소 죽이 완성된다.

중기 이유식 1단계

1

닭고기 단호박 죽

🌿 하루 한 끼식 사흘 먹을 식재료 준비

쌀 40g, 불린 쌀 무게의 6배 생수
닭고기 40g, 단호박 40g, 분유+찬물이나 쌀뜨물(잡내 제거)

🌿 한꺼번에 하루 두 끼씩 사흘 먹을 식재료 준비

쌀 40g×2=80g, 불린 쌀 무게의 6배 생수
- 다진 닭고기 40g, 단호박 40g, 분유+찬물이나 쌀뜨물(잡내 제거)
- 다진 소고기 40g, 소고기와 어울리는 채소 한 가지 40g

🌿 만드는 순서

1. 쌀 40g은 깨끗이 씻은 후 30분 이상 물에 담가 불려둔다.
2. 닭고기 40g을 잘게 썰어서 분유를 탄 찬물이나 쌀뜨물에 30분 이상 담가 잡내를 없앤 후 건져둔다. 아예 다진 닭고기를 구입해 써도 좋다.
3. 단호박 40g은 속을 제거하고 껍질째 깨끗이 씻어 머신으로 썰어둔다.
4. 불린 쌀과 물쌀 무게의 6배을 냄비에 넣고 중불에서 끓이다가 바포가 울리면 약불로 줄여 15분 정도 뜸을 들인 후 불을 끈다.
5. 준비해둔 다진 닭고기, 단호박과 물 반 컵을 냄비에 넣고 뚜껑을 닫은 후 중불에서 바포가 울릴 때까지 익힌 후 불을 끈다.
6. 끓인 6배 죽과 익힌 닭고기, 단호박을 밥알의 1/4 크기가 되도록 핸드블랜더로 갈아 약불에서 한소끔 끓여 닭고기 단호박 죽을 완성한다.

식재료 소개

단호박은 일반 호박보다 크기가 작고 둥글며 속이 단단하고 진한 노란색을 띄고 있으며 맛이 달콤하다. 껍질이 두껍고 몸이 단단해 '단호박'이라고 부르게 되었다고 한다.

단호박에 들어있는 루테인과 지아잔틴은 망막 건강에 도움이 되며, 비타민A와 베타카로틴은 눈 건강뿐만이 아니라 감기나 독감 등 감염병 예방에 도움이 되며 항산화 효과가 뛰어나다.

단호박에 풍부하게 들어있는 비타민C는 면역력을 강화시키고 콜라겐을 생성하게 해주며 피부 탄력을 유지하는데 도움이 된다. 탄수화물과 식이섬유는 장운동을 촉진하고 변비를 예방해 장내 환경을 건강하게 유지할 수 있도록 해준다. 또 칼륨이 풍부해 나트륨의 배출을 돕고, 혈압을 조절해 혈관 건강에 도움이 된다.

칼로리가 낮고, 높은 포만감 덕분에 단호박은 다이어트 식품으로 인기가 높다. 천연 당분이 들어 있어서 단맛이 나지만, GI 지수혈당지수가 낮아 혈당을 급격히 올리지는 않는다. 그러나 혈당지수가 낮은 음식이라 하더라도 지나치게 많이 섭취하면 혈당이 올라갈 수 있으니, 당뇨 환자는 한꺼번에 많은 양을 섭취하지 않도록 해야 한다.

특정 단백질에 알레르기가 있는 경우, 단호박을 먹었을 때 가려움이나 두드러기, 구토 증상이 나타날 수 있으니, 아기에게 처음 먹일 때 잘 살펴보도록 한다. 너무 많이 먹으면 베타카로틴 과다 섭취로 피부가 일시적으로 노랗게 변할 수도 있다.

단호박으로 아기에게 만들어 줄 음식으로는,
단호박 스프 : 삶은 단호박을 우유 또는 두유를 믹서에 함께 갈면 고소하고 부드러운 스프가 만들어진다.
단호박 샐러드 : 으깬 단호박에 플레인 요거트를 섞으면 건강한 샐러드가 된다.
단호박 구이 : 오븐이나 에어프라이어에 단호박을 구운 후 식혀서 아기에게 준다.

이처럼 단호박은 맛이 좋고, 건강에도 매우 유익한 식품이다. 그러나 과다하게 섭취하면 혈당 조절 문제나 소화 장애가 발생할 수 있으므로 적절한 양을 섭취해 균형 잡힌 영양을 섭취하도록 한다.

중기 이유식 1단계

2
닭고기 비트 죽

🌿 하루 한 끼씩 사흘 먹을 식재료 준비

쌀 40g, 불린 쌀 무게의 6배 생수
닭고기 40g, 비트 40g, 분유+찬물이나 쌀뜨물(잡내 제거)

🌿 한꺼번에 하루 두 끼씩 사흘 먹을 식재료 준비

쌀 40g×2=80g, 불린 쌀 무게의 6배 생수
- 다진 닭고기 40g, 비트 40g, 분유+찬물이나 쌀뜨물(잡내 제거)
- 다진 소고기 40g, 소고기와 어울리는 채소 한 가지 40g

🌿 만드는 순서

1. 쌀 40g은 깨끗이 씻은 후 30분 이상 물에 담가 불려둔다.
2. 닭고기 40g을 잘게 썰어서 분유를 탄 찬물이나 쌀뜨물에 30분 이상 담가 잡내를 없앤 후 건져둔다. 아예 다진 닭고기를 구입해 써도 좋다.
3. 비트 40g은 껍질째 깨끗이 씻어 머신으로 썰어둔다.
4. 불린 쌀과 물쌀 무게의 6배을 냄비에 넣고 중불에서 끓이다가 바포가 울리면 약불로 줄여 15분 정도 뜸을 들인 후 불을 끈다.
5. 준비해둔 다진 닭고기, 비트와 물 반 컵을 냄비에 넣고 뚜껑을 닫은 후 중불에서 바포가 울릴 때까지 익힌 후 불을 끈다.
6. 끓인 6배 죽과 익힌 닭고기, 비트를 밥알의 1/4 크기가 되도록 핸드블랜더로 갈아 약불에서 한소끔 끓여 닭고기 비트 죽을 완성한다.

식재료 소개

비트는 붉은색을 띠는 뿌리채소로 맛이 달콤하며 식이섬유가 풍부하다. 비타민A, 비타민C, 철분, 칼륨, 섬유질 등이 풍부하게 들어 있으며 소고기나 닭고기와 잘 어울린다. 색깔도 예쁘고 달짝지근한 재료라 아기들도 맛있게 먹는데 붉은 색 물이 옷이나 손에 묻으면 잘 지워지지 않는다.

익히기 전에는 딱딱하지만 머신으로 썰어 부드럽게 만든 후 익히면, 연하고 맛있다.

중기 이유식 1단계

3
소고기 당근 죽

🌿 하루 한 끼씩 사흘 먹을 식재료 준비

쌀 40g, 불린 쌀 무게의 6배가 되는 생수
다진 소고기 40g, 당근 40g

🌿 한꺼번에 하루 두 끼씩 사흘 먹을 식재료 준비

쌀 40g×2=80g, 불린 쌀 무게의 6배 생수
- 다진 소고기 40g, 당근 40g
- 다진 닭고기 40g, 닭고기와 어울리는 채소 한 가지 40g, 분유+찬물이나 쌀뜨물(잡내 제거)

🌿 만드는 순서

1. 쌀 40g은 깨끗이 씻은 후 30분 이상 물에 담가 불려둔다.
2. 다진 소고기 40g은 찬물에 30분 이상 담가 핏물을 뺀 후 건져둔다.
3. 당근 40g은 껍질째 깨끗이 씻어 머신으로 썰어둔다.
4. 불린 쌀과 물쌀 무게의 6배을 냄비에 넣고 중불에서 끓이다가 바포가 울리면 약불로 줄여 15분 정도 뜸을 들인 후 불을 끈다.
5. 준비해둔 다진 소고기, 당근과 물 반 컵을 냄비에 넣고 뚜껑을 닫은 후 중불에서 바포가 울릴 때까지 익힌 후 불을 끈다.
6. 끓인 6배 죽과 익힌 소고기, 당근을 밥알의 1/4 크기가 되도록 핸드블랜더로 갈아 약불에서 한소끔 끓여 소고기 당근 죽을 완성한다.

중기 이유식 1단계

4

소고기 시금치 죽

🌿 하루 한 끼씩 사흘 먹을 식재료 준비

쌀 40g, 불린 쌀 무게의 6배 생수
다진 소고기 40g, 시금치 40g

🌿 한꺼번에 하루 두 끼씩 사흘 먹을 식재료 준비

쌀 40g×2=80g, 불린 쌀 무게의 6배 생수
- 다진 소고기 40g, 시금치 40g
- 다진 닭고기 40g, 닭고기와 어울리는 채소 한 가지 40g, 분유+찬물이나 쌀뜨물(잡내 제거)

🌿 만드는 순서

1. 쌀 40g은 깨끗이 씻은 후 30분 이상 물에 담가 불려둔다.
2. 다진 소고기 40g은 찬물에 30분 이상 담가 핏물을 뺀 후 건져둔다.
3. 시금치 40g은 뿌리까지 잘 다듬은 후, 뿌리 쪽에 모래가 남아있지 않도록 깨끗이 씻어둔다.
4. 불린 쌀과 물쌀 무게의 6배을 냄비에 넣고 중불에서 끓이다가 바포가 울리면 약불로 줄여 15분 정도 뜸을 들인 후 불을 끈다.
5. 준비해둔 다진 소고기, 시금치와 물 반 컵을 냄비에 넣고 뚜껑을 닫은 후 중불에서 바포가 울릴 때까지 익힌 후 불을 끈다.
6. 끓인 6배 죽과 익힌 소고기, 시금치를 밥알의 1/4 크기가 되도록 핸드블랜더로 갈아 거른 후 약불에서 한소끔 끓여 소고기 시금치 죽을 완성한다.

식재료 소개

시금치는 비타민A, 비타민C, 철분, 칼륨, 엽산 등이 풍부하게 들어 있는 채소이다. 루테인과 비타민A는 눈 건강에 좋으며, 특히 루테인은 망막을 보호하고 시력을 보호해준다. 비타민C는 피부와 면역력 강화에, 철분은 혈액을 만드는데, 칼륨과 마그네슘은 혈압 조절에, 엽산은 백혈구 생산을 촉진하고 혈액을 맑게 해주며 면역 세포들이 더 효과적으로 활동할 수 있도록 해주므로 시금치를 꾸준히 섭취하면 감기나 질병에 대한 저항력을 높이고, 빈혈 예방에도 좋다. 특히 임산부나 혈액 순환이 잘되지 않는 분들에게 좋은 식품이다.

시금치는 저칼로리, 고 식이섬유로 포만감을 오래 유지해주고 장운동을 활발하게 해주어 변비를 예방하고 장내 유익균의 성장을 도와 소화 기능을 개선해주므로 다이어트에 좋다.

시금치에 함유되어 있는 비타민K는 혈액 응고에 중요한 역할을 하므로, 항응고제를 복용하고 있다면 시금치를 과다 섭취하지 않도록 주의해야 한다.

또 시금치는 옥살산이라는 성분을 함유하고 있으므로 과다 섭취할 경우 신장 결석을 유발할 수 있다.

이유식을 만들 때는 시금치 뿌리까지 넣어 죽을 만든다.

아기에게 들려주는 이야기

'뽀빠이와 시금치' 이야기 들어볼래?
뽀빠이는 힘이 없어서 늘 비실비실 거렸대. 나쁜 사람들이 귀찮게 굴어도 이길 자신이 없으니까 아무 말도 하지 못하고 피하기만 했었어.
그러던 어느 날 뽀빠이에게 친구 올리버가 시금치를 선물했어.
뽀빠이는 친구에게 고마워하며 시금치를 맛있게 먹었대.
그런데 시금치를 먹고 나니 뽀빠이 근육이 불끈불끈 나오고, 기운이 나더래.
기운이 나니, 뽀빠이는 운동을 열심히 할 수 있게 됐어.

뽀빠이는 자기를 괴롭히던 나쁜 사람들을 찾아갔어.
그리고 용감하게 말했지.
"다시는 나쁜 짓을 하지 마, 알았지?"
그런데 나쁜 사람들이 뽀빠이 말을 듣지 않고, 뽀빠이에게 주먹을 날리자, 예전과 달리 뽀빠이는 한 방에 나쁜 사람들을 다 물리쳤어.
그후 뽀빠이는 시금치를 더 좋아하게 되었고, 시금치를 더 자주 먹게 되었지.
그리고 착한 사람들을 괴롭히는 나쁜 사람들이 나타나면, 뽀빠이는 시금치를 맛있게 씹어 먹으며 쫓아가 "우루루루루!" 큰 소리로 외쳤어.
나쁜 사람들은 뽀빠이 목소리만 듣고도 놀라 걸음아, 날 살려라! 달아났대.
그 후 전 세계 어린이들이 뽀빠이와 시금치 이야기를 다 알게 되었어. 시금치가 몸을 튼튼하게 만든다는 걸 깨닫게 된 거야.

3. 중기 이유식 2단계

생후 8개월이 지나 중기 1단계 이유식을 먹기 시작할 때부터 아기는 하루 두 끼 이유식을 먹을 수 있게 된다.

중기 이유식 1단계에서 한 가지씩 먹던 채소를 생후 9개월부터 중기 2단계에 접어들면서 채소를 한 가지 더 늘여 먹인다.

6배 죽과 함께 소고기와 채소 두 가지, 닭고기와 채소 두 가지를 하루 두 끼씩 사흘 동안 먹을 수 있는 양으로 한꺼번에 준비한다.

각각 식재료의 양은 중기 이유식 1단계와 마찬가지로 40g씩이며, 죽 알갱이의 굵기는 밥알 굵기의 1/4 정도이다.

소고기 채소 죽을 하루 한 번씩 사흘 동안 먹을 수 있는 양으로 준비하는 동시에, 닭고기 채소 죽도 하루 한 번씩 사흘 동안 먹을 수 있는 양으로 준비한다.

쌀 40g씩 두 끼 분량 80g을 씻어서 생수에 30분 정도 불린다.

냄비에 불린 쌀과 불린 쌀 무게의 6배 되는 물(쌀 불린 물+생수)을 넣고 죽을 만든다.

소고기 40g을 찬물에 담가 핏물을 빼고, 닭고기는 분유를 탄 찬물이나 쌀뜨물에 담가두었다가 헹구어 놓는다.

소고기와 어울리는 채소 두 가지를 각각 40g씩, 닭고기와 어울리는 채소 두 가지를 각각 40g씩 준비한다.

소고기와 채소 두 가지, 또는 닭고기와 채소 두 가지를 냄비에 함께 넣고 뚜껑을 닫은 후 약불에서 익히다가 바포가 울리면 불을 끈다.

6배 죽을 이등분해 그 중 반과 익힌 소고기+채소 두 가지를 밥알 크기의 1/4 정도 되도록 믹서로 갈아 냄비에 넣고 뚜껑을 닫은 후 약불에서 한소끔 끓인다. 그러면 하루 한 끼씩 사흘 동안 먹을 소고기 채소 죽이 완성된다.

같은 방법으로, 닭고기+채소 두 가지를 냄비에 함께 넣고 뚜껑을 닫은 후 중불에서 익히다가 바포가 울리면 불을 끈다.

반 남은 6배 죽과 익힌 닭고기, 채소 두 가지를 밥알 크기의 1/4 정도 되도록 믹서로 갈아 냄비에 넣고 뚜껑을 닫은 후 약불에서 한소끔 끓인다. 그러면 하루 한 끼씩 사흘 동안 먹을 닭고기 채소 죽이 완성된다.

중기 이유식 2단계

1

닭고기 고구마 애호박 죽

🌿 하루 한 끼씩 사흘 먹을 식재료 준비

쌀 40g, 불린 쌀 무게의 6배 생수
닭고기 40g, 고구마 40g, 애호박 40g, 분유+찬물이나 쌀뜨물(잡내 제거)

🌿 한꺼번에 하루 두 끼씩 사흘 먹을 식재료 준비

쌀 40g×2=80g, 불린 쌀 무게의 6배 생수
- 다진 닭고기 40g, 고구마 40g, 애호박 40g, 분유+찬물이나 쌀뜨물(잡내 제거)
- 다진 소고기 40g, 소고기와 어울리는 채소 두 가지 각각 40g

🌿 만드는 순서

1. 쌀 40g은 깨끗이 씻은 후 30분 이상 물에 담가 불려둔다.
2. 닭고기 40g을 잘게 썰어서 분유를 탄 찬물이나 쌀뜨물에 30분 이상 담가 잡내를 없앤 후 건져둔다. 아예 다진 닭고기를 구입해 써도 좋다.
3. 고구마 40g은 껍질째 깨끗이 씻어 머신으로 썰어둔다.
4. 애호박 40g은 껍질째 깨끗이 씻어 머신으로 썰어둔다.
5. 불린 쌀과 물쌀 무게의 6배을 냄비에 넣고 중불에서 끓이다가 바포가 울리면 약불로 줄여 15분 정도 뜸을 들인 후 불을 끈다.
6. 준비해둔 다진 닭고기, 고구마, 애호박과 물 반 컵을 냄비에 넣고 뚜껑을 닫은 후 중불에서 바포가 울릴 때까지 익힌 후 불을 끈다.
7. 끓인 6배 죽과 익힌 닭고기, 고구마, 애호박을 밥알 1/4 크기가 되도록 핸드블랜더로 갈아 불에서 한소끔 끓여 닭고기 고구마 애호박 죽을 완성한다.

식재료 소개

고구마는 땅속에서 자라는 뿌리채소로 탄수화물뿐만 아니라 비타민A, C, E, B1, B2, B6, 칼륨, 칼슘, 인, 철, 섬유질 등이 풍부한 건강식품으로 우리나라 전역에서 널리 재배되고 있다.

식감과 빛깔에 따라 호박고구마, 밤고구마, 자색고구마로 쉽게 구별한다. 호박고구마는 호박처럼 노란색을 띠고 호박 맛이 난다고 해서 붙여진 이름으로, 육질이 단단하며 물기가 없는 것이 특징이다. 자색고구마는 고구마의 항산화 성분인 안토시아닌이 많다고 알려지면서 인기를 끌고 있다.

찐고구마와 군고구마에는 열량이나 기타 영양분이 생고구마보다 높아서 가공을 하면 영양분이 상승된다.

특히 어린이 생장과 직접 관련이 있는 라이신 함량이 옥수수나 쌀보다 높으며, 필수아미노산이 균형을 이루고 있다. 고구마를 100g 섭취하면 비타민A 일일 권장량의 100% 이상 섭취하는 셈이다.

고구마 잎과 잎자루 및 줄기에도 단백질, 칼슘, 철, 아연 등이 많이 들어있고 필수아미노산도 골고루 분포되어 있다.

애호박은 주로 한식에서 사용하는 어린 호박으로, 애호박용 품종이 따로 재배되고 있다. 서양 요리에서 사용하는 짙은 초록색의 긴 호박은 '주키니'라고 한다. 언뜻 보면 주키니는 애호박과 닮아 보이지만, 애호박은 주키니보다 초록빛이 연하고 겉면이 둥글며 더 부드럽고 맛있다.

애호박을 고를 때는 긁히거나 부서지지 않은 것을 골라야 한다. 상처 부위를 통해 세균이나 곰팡이 등으로부터 오염이 쉽게 되기 때문이다. 처음과 끝의 굵기가 비슷하고 모양이 바르며 표면이 매끄럽고 연녹색이 선명하며 광택이 있고 단단한 것을 고르도록 한다. 애호박에는 탄수화물, 단백질, 칼슘, 비타민, 식이섬유, 칼륨, 베타카로틴이 많이 들어 있으며, 특히 비타민C가 풍부하다.

중기 이유식 2단계

2
닭고기 단호박 양송이 죽

🌾 하루 한 끼씩 사흘 먹을 식재료 준비

쌀 40g, 불린 쌀 무게의 6배 생수
닭고기 40g, 단호박 40g, 양송이버섯 40g, 분유+찬물이나 쌀뜨물(잡내 제거)

🌾 한꺼번에 하루 두 끼씩 사흘 먹을 식재료 준비

쌀 40g×2=80g, 불린 쌀 무게의 6배 생수
- 다진 닭고기 40g, 단호박 40g, 양송이버섯 40g, 분유+찬물이나 쌀뜨물(잡내 제거)
- 다진 소고기 40g, 소고기와 어울리는 채소 두 가지 각각 40g

🌿 만드는 순서

1 쌀 40g은 깨끗이 씻은 후 30분 이상 물에 담가 불려둔다.
2 닭고기 40g을 잘게 썰어서 분유를 탄 찬물이나 쌀뜨물에 30분 이상 담가 잡내를 없앤 후 건져둔다. 아예 다진 닭고기를 구입해 써도 좋다.
3 단호박 40g은 속을 제거하고 껍질째 깨끗이 씻어 머신으로 썰어둔다.
4 양송이버섯 40g은 기둥은 떼어 내고 작은 크기로 썰어둔다.
5 불린 쌀과 물쌀 무게의 6배을 냄비에 넣고 중불에서 끓이다가 바포가 울리면 약불로 줄여 15분 정도 뜸을 들인 후 불을 끈다.
6 준비해둔 다진 닭고기, 단호박, 양송이버섯과 물 반 컵을 냄비에 넣고 뚜껑을 닫은 후 중불에서 바포가 울릴 때까지 익힌 후 불을 끈다.
7 끓인 6배 죽과 익힌 닭고기, 단호박, 양송이버섯을 밥알의 1/4정도 크기가 되도록 핸드블랜더로 갈아 약불에서 한소끔 끓여 닭고기 단호박 양송이 죽을 완성한다.

잠깐!

우리나라에서는 예전부터 이유식을 먹을 때가 된 아기, 몸이 약한 사람, 아픈 사람에게는 밥보다 소화 흡수가 잘 되는 죽을 먹였다.

죽은 쌀과 쌀 양의 5~6배 정도 되는 물을 넣고 뚜껑을 연 채 냄비 바닥에 쌀이 눌러 붙지 않도록 계속 주걱으로 저어주며 끓인다.

그런데 샐러드마스터 냄비를 사용할 때는 항상 모든 음식을 뚜껑을 닫고 요리하며 죽 역시 뚜껑을 닫은 채 요리한다. 물을 많이 넣는 것도 아닌데, 뚜껑을 닫고 요리해도 눋지 않는 비법은 샐러드마스터 냄비가 저온 요리를 할 수 있기 때문이다.

샐러드마스터 냄비 뚜껑을 닫고 저온으로 요리하면, 재료의 수분이 그대로 유지되면서 영양과 맛이 살아있으므로 따로 육수를 낼 필요가 없다.

중기 이유식 2단계

3

닭고기 사과 적채 죽

🌿 하루 한 끼씩 사흘 먹을 식재료 준비

쌀 40g, 불린 쌀 무게의 6배 생수
닭고기 40g, 사과 40g, 적채 40g, 분유+찬물이나 쌀뜨물(잡내 제거)

🌿 한꺼번에 하루 두 끼씩 사흘 먹을 식재료 준비

쌀 40g×2=80g, 불린 쌀 무게의 6배 생수
- 다진 닭고기 40g, 사과 40g, 적채 40g, 분유+찬물이나 쌀뜨물(잡내 제거)
- 다진 소고기 40g, 소고기와 어울리는 채소 두 가지 각각 40g

🌿 만드는 순서

1 쌀 40g은 깨끗이 씻은 후 30분 이상 물에 담가 불려둔다.
2 닭고기 40g을 잘게 썰어서 분유를 탄 찬물이나 쌀뜨물에 30분 이상 담가 잡내를 없앤 후 건져둔다. 아예 다진 닭고기를 구입해 써도 좋다.
3 사과 40g은 껍질째 깨끗이 씻어 머신으로 썰어둔다.
4 적채 40g은 줄기를 포함하여 머신으로 썰어둔다.
5 불린 쌀과 물쌀 무게의 6배을 냄비에 넣고 중불에서 끓이다가 바포가 울리면 약불로 줄여 15분 정도 뜸을 들인 후 불을 끈다.
6 준비해둔 다진 닭고기, 사과, 적채와 물 반 컵을 냄비에 넣고 뚜껑을 닫은 후 중불에서 바포가 울릴 때까지 익힌 후 불을 끈다.
7 끓인 6배 죽과 익힌 닭고기, 사과, 적채를 밥알의 1/4 크기가 되도록 핸드블랜더로 갈아 거른 후 약불에서 한소끔 끓여 닭고기 사과 적채 죽을 완성한다.

식재료 소개

닭고기와 사과는 서로 잘 어울리는 식재료이다. 사과에는 비타민A, 비타민C, 칼륨, 칼슘, 나트륨 등 무기물의 함량이 다른 식품에 비해 특히 높은 알칼리성 식품이다. 비타민C는 면역력을 높여주고, 칼륨은 혈압을 조절하는데 도움이 된다. 다른 과육에 비해 탄수화물 함량이 높고 단백질과 지방의 양은 적으며, 식이섬유가 풍부하게 들어있어서 변비를 예방하고 소화 흡수를 도와준다. '아침 사과는 보약'이라는 말이 있을 정도이니, 다른 과일과 섞어 갈아서 아침에 마시면 좋다.

사과는 돼지고기와도 잘 어울리는 식재료이다. 이유식을 만들면서 과일을 넣으면, 따로 간식을 먹이지 않아도 하루에 필요한 영양분을 채울 수 있다.

적채는 양배추와 모양이 비슷하고 자주색을 띠는 채소로 식이섬유가 풍부해 변비 예방에 도움이 된다. 이유식에 넣으면 색깔이 곱다. 단단한 줄기에 영양소가 많으므로 줄기도 함께 사용하도록 한다. 머신으로 썰면 으깨어지면서 연해지고, 익히고 나면 더 부드러워진다.

중기 이유식 2단계

4

소고기 감자 표고버섯 죽

🌿 하루 한 끼씩 사흘 먹을 식재료 준비

쌀 40g, 불린 쌀 무게의 6배가 되는 생수
다진 소고기 40g, 감자 40g, 표고버섯 40g

🌿 한꺼번에 하루 두 끼씩 사흘 먹을 식재료 준비

쌀 40g×2=80g, 불린 쌀 무게의 6배 생수
- 다진 소고기 40g, 감자 40g, 표고버섯 40g
- 다진 닭고기 40g, 닭고기와 어울리는 채소 두 가지 각각 40g, 분유+찬물이나 쌀뜨물 (잡내 제거)

🌿 만드는 순서

1. 쌀 40g은 깨끗이 씻은 후 30분 이상 물에 담가 불려둔다.
2. 다진 소고기 40g은 찬물에 30분 이상 담가 핏물을 뺀 후 건져둔다.
3. 감자 40g은 껍질째 깨끗이 씻어 머신으로 썰어둔다.
4. 표고버섯 40g은 기둥은 떼어 내고 흐르는 물에 씻어 잘게 썰어둔다.
5. 불린 쌀과 물쌀 무게의 6배을 냄비에 넣고 중불에서 끓이다가 바포가 울리면 약불로 줄여 15분 정도 뜸을 들인 후 불을 끈다.
6. 준비해둔 다진 소고기, 감자, 표고버섯과 물 반 컵을 냄비에 넣고 뚜껑을 닫은 후 중불에서 바포가 울릴 때까지 익힌 후 불을 끈다.
7. 끓인 6배 죽과 익힌 소고기, 감자, 표고버섯을 밥알의 1/4정도 크기가 되도록 핸드블랜더로 갈아 약불에서 한소끔 끓여 소고기 감자 표고버섯 죽을 완성한다.

식재료 소개

버섯은 특유한 맛을 가지고 있으며 향이 좋다. 땅에 돋아나기도 하고, 나무나 풀 등의 뿌리나 줄기에서 자라기도 한다. 종류도 많고, 색깔과 모양도 다양하다. 지방이 적고, 단백질, 식이섬유, 비타민, 무기질 등이 풍부하게 들어 있으며 저열량 식품이라 예부터 즐겨 먹었다. 이유식 재료로도 자주 쓰인다. 버섯을 팬에 구워 조리하면 식감이 쫄깃해 고기 요리보다 맛있다.

해송이버섯 : 약용 버섯으로 널리 알려져 있다. 다른 버섯에 비해 항산화, 항당뇨, 항고혈압 성분을 다량 함유하고 있다.

양송이버섯 : 채소와 과일에 풍부한 무기질과, 육류에 많은 단백질을 고루 갖추고 있으며, 버섯 중에서 단백질 함량이 가장 뛰어나다. 갓이 너무 피지 않고 기둥이 짧고 도톰한 것이 좋다.

느타리버섯 : 대장 안에서 콜레스테롤 등 지방이 흡수되지 않도록 방해해 비만을 예방하는 효과가 있다.

표고버섯 : 지방이 낮고 식이섬유가 풍부해 변비 예방에 효과적이다. 향이 좋고 식감이 쫄깃해 가장 사랑받는 버섯 중 하나이다. 갓이 활짝 피지 않고 동글게 오므라져 있으며 상처가 없고 조직이 단단한 것이 좋다. 표고버섯의 기둥은 따로 말려두었다가 국물을 낼 때 쓰도록 한다.

새송이버섯 : 자연송이버섯 대용으로 개발한 품종이다. 자연산 송이버섯에 비해 맛과 향은 덜하지만, 식감은 비슷하다. 탄력이 있고 단단하며 향이 뛰어난 것을 고르는 게 좋다.

백만송이버섯 : 저장성이 비교적 좋고 미네랄과 비타민이 풍부하다.

팽이버섯 : 시중에서 가장 흔히 구할 수 있는 버섯으로, 잘게 썰어 이유식을 만들 때 재료로 사용한다. 뿌리 부분이 짙은 다갈색으로 변해 있거나 줄기가 가는 것은 신선하지 않은 것이다.

버섯은 흐르는 물에 살짝 씻거나 젖은 행주로 닦아낸 후 조리하도록 하고, 곧 먹을 것은 마른 행주로 겉을 닦고 랩으로 감싸 냉장 보관하고, 며칠 뒤에 쓸 것은 키친타올로 버섯을 감싸 지퍼팩에 담아 냉장실에 넣어둔다.

5부

후기 이유식

1. 후기 이유식 레시피

단계	시기	하루 횟수	한 끼 분량	밥 종류	재료	무게
1	10개월 ~	3회	160ml	4배 무른 밥	쌀	70g
					소고기 닭고기 해산물 셋 중에서 한 가지	70g
					채소1	70g
					채소2	70g
2	11개월 ~	3회	180ml	4배 무른 밥	쌀	70g
					소고기 닭고기 해산물 셋 중에서 한 가지	70g
					채소1	70g
					채소2	70g
					채소3	70g

아기는 생후 10개월부터 하루 세 끼, 각각 160ml 정도 되는 후기 이유식을 먹을 수 있게 된다. 이제 밥은 6배 죽에서 4배 무른 밥으로 바뀐다.

후기 이유식은 쌀, 고기, 채소 등 모든 재료의 양이 각각 70g씩이다. 완성된 이유식 알갱이는 밥알 크기 정도이다.

단백질은 소고기와 닭고기, 해산물로 섭취할 수 있으며, 이전보다 더 다양한 채소를 식재료로 사용할 수 있다.

샐러드마스터 냄비에서는 각각의 향과 빛깔이 그대로 보존되므로 단백질 원이 되는 재료와 채소를 한꺼번에 함께 익힐 수 있어서 편리하다. 이렇게 하면 번거롭지 않고 시간도 절약된다. '물 반 컵을 더 넣고 뚜껑을 닫은 채 중불에서 익히다가 바포가 울리면 끈다.'는 공식이 모든 요리에 다 적용된다.

후기 이유식은 단백질과 채소들을 익히고 믹서로 간 후 4배 무른 밥을 섞어 약불에서 한소끔 끓여 완성한다.

샐러드마스터 냄비로 이유식을 만드는 모든 과정이 뚜껑을 닫고 저온으로 요리하기 때문에 따로 육수를 만들 필요 없다. 끓는 물에 푹 담가 삶는 과정이 없으므로 재료 본연의 맛과 영양이 살아있다. 그래서 따로 간을 하지 않아도 싱겁게 느껴지지 않는 맛있는 이유식을 만들 수 있다.

2. 후기 이유식 1단계

후기 이유식 1단계에서는 소고기와 채소 두 가지, 닭고기와 채소 두 가지, 해산물과 채소 두 가지를 하루 세끼 사흘 동안 먹을 수 있도록 이유식 재료를 준비한다.

쌀 70g과 소고기 70g, 채소 두 가지를 각각 70g씩 넣어 하루 한 끼씩 사흘 동안 먹을 수 있는 소고기 채소 무른 밥을 만든다.

같은 방법으로 쌀 70g과 닭고기 70g, 채소 두 가지를 각각 70g씩 넣어 하루 한 끼씩 사흘 동안 먹을 수 있는 닭고기 채소 무른 밥을 만든다.

또, 쌀 70g, 해산물 70g에 채소 두 가지를 각각 70g씩 넣어 하루 한 끼씩 사흘 동안 먹을 수 있는 해산물 채소 무른 밥을 만든다.

후기 이유식으로 하루 세 끼 사흘 동안 먹을 수 있는 양을 한꺼번에 만들려면, 쌀 70g×3=210g을 깨끗이 씻어 불리고, 불린 쌀 무게의 4배가 되는 생수로 4배 무른 밥을 샐러드마스터 냄비로 만들면 된다.

소고기 70g에 소고기와 잘 어울리는 채소를 각각 70g씩 두 가지, 닭고기 70g에 닭고기와 잘 어울리는 채소를 각각 70g씩 두 가지, 해산물 70g에 해산물과 잘 어울리는 채소를 각각 70g씩 두 가지를 따로 준비한다.

소고기나 닭고기, 해산물은 소분해서 냉동실에 보관하고, 이유식에 사용하고 남는 채소는 큐브를 만들어 냉동하는 것보다 어른 반찬으로 활용하도록 한다.

쉽게 구할 수 없는 채소를 넣어야 할 때는 유기농 매장에서 냉동이 되어있는 큐브를 구입해 이유식용 재료로 사용한다.

후기 이유식 1단계

1

닭고기 고구마 양파 무른 밥

🌿 하루 한 끼씩 사흘 먹을 식재료 준비

쌀 70g, 불린 쌀 무게의 4배 생수
다진 닭고기 70g, 고구마 70g, 양파 70g, 분유+찬물이나 쌀뜨물(잡내 제거)

🌿 한꺼번에 하루 세 끼씩 사흘 먹을 식재료 준비

쌀 70g×3=210g, 불린 쌀 무게의 4배 생수
- 다진 닭고기 70g, 고구마 70g, 양파 70g, 분유+찬물이나 쌀뜨물(잡내 제거)
- 다진 소고기 70g, 소고기와 어울리는 채소 두 가지 각각 70g
- 해산물 70g, 해산물과 어울리는 채소 두 가지 각각 70g

만드는 순서

1. 쌀 70g은 깨끗이 씻은 후 30분 이상 물에 담가 불려둔다.
2. 닭고기 70g을 잘게 썰어서 분유를 탄 찬물이나 쌀뜨물에 30분 이상 담가 잡내를 없앤 후 건져둔다. 아예 다진 닭고기를 구입해 써도 좋다.
3. 고구마 70g은 껍질째 깨끗이 씻어 머신으로 썰어둔다.
4. 양파 70g은 껍질을 벗기고 깨끗이 씻어 썰어둔다.
5. 불린 쌀과 물쌀 무게의 4배을 냄비에 넣고 중불에서 끓이다가 바포가 울리면 약불로 줄여 15분 정도 뜸을 들인 후 불을 끈다.
6. 준비해둔 다진 닭고기, 고구마, 양파와 물 반 컵을 냄비에 넣고 뚜껑을 닫은 후 중불에서 바포가 울릴 때까지 익힌 후 불을 끈다.
7. 익힌 닭고기, 고구마, 양파를 밥알 크기가 되도록 핸드블랜더로 갈아 4배 무른 밥과 섞어 약불에서 한소끔 끓여 닭고기 고구마 양파 무른 밥을 완성한다.

식재료 소개

양파는 뿌리채소로 맛이 달짝지근하고 향이 강해서 볶음이나 찌개, 국물 요리에 많이 사용하는 식재료이다. 비타민B, 비타민C, 칼륨, 섬유질 등이 풍부하게 들어 있어서 어린이의 성장과 발달에 도움이 된다.

양파를 익히면, 강한 향은 사라지고 단맛과 감칠맛이 더해져서 이유식의 맛을 더 좋게 만들어 준다.

후기 이유식 1단계

2

닭고기 당근 콩나물 무른 밥

🌿 하루 한 끼씩 사흘 먹을 식재료 준비

쌀 70g, 불린 쌀 무게의 4배 생수
다진 닭고기 70g, 당근 70g, 콩나물 70g, 분유+찬물이나 쌀뜨물(잡내 제거)

🌿 한꺼번에 하루 세 끼씩 사흘 먹을 식재료 준비

쌀 70g×3=210g, 불린 쌀 무게의 4배 생수
- 다진 닭고기 70g, 당근 70g, 콩나물 70g, 분유+찬물이나 쌀뜨물(잡내 제거)
- 다진 소고기 70g, 소고기와 어울리는 채소 두 가지 각각 70g
- 해산물 70g, 해산물과 어울리는 채소 두 가지 각각 70g

🌿 만드는 순서

1. 쌀 70g은 깨끗이 씻은 후 30분 이상 물에 담가 불려둔다.
2. 닭고기 70g을 잘게 썰어서 분유를 탄 찬물이나 쌀뜨물에 30분 이상 담가 잡내를 없앤 후 건져둔다. 아예 다진 닭고기를 구입해 써도 좋다.
3. 당근 70g은 껍질째 깨끗이 씻어 머신으로 썰어둔다.
4. 콩나물 70g은 콩깍지와 꼬리 부분을 떼어내고 깨끗이 씻어둔다.
5. 불린 쌀과 물쌀 무게의 4배을 냄비에 넣고 중불에서 끓이다가 바포가 울리면 약불로 줄여 15분 정도 뜸을 들인 후 불을 끈다.
6. 준비해둔 다진 닭고기, 당근, 콩나물과 물 반 컵을 냄비에 넣고 뚜껑을 닫은 후 중불에서 바포가 울릴 때까지 익힌 후 불을 끈다.
7. 익힌 닭고기, 당근, 콩나물을 밥알 크기가 되도록 핸드블랜더로 갈아 4배 무른 밥과 섞어 약불에서 한소끔 끓여 닭고기 당근 콩나물 무른 밥을 완성한다.

식재료 소개

콩나물은 콩을 불린 후 빛이 없는 곳에 두고 물을 주면서 줄기를 자라게 한 것이다. 아스파라긴산과 비타민C가 풍부하며, 섬유소가 들어 있어서 변비를 예방하고 장을 튼튼하게 만들어 준다.

연한 줄기만 사용하기도 하지만, 긴 뿌리만 떼어내고 머리도 함께 익힌 후 믹서로 갈면 된다. 콩나물은 소고기, 닭고기에 다 잘 어울린다. 해산물과 함께 넣어도 좋다.

콩나물은 콩을 불려 키우면 되므로 어린이가 콩나물의 성장 과정을 볼 수 있도록 집에서 키워 콩나물 요리를 만들어 먹으면 교육적으로도 좋다.

3

닭고기 밤 부추 무른 밥

🌿 하루 한 끼씩 사흘 먹을 식재료 준비

쌀 70g, 불린 쌀 무게의 4배 생수
다진 닭고기 70g, 밤 70g, 부추 70g, 분유+찬물이나 쌀뜨물(잡내 제거)

🌿 한꺼번에 하루 세 끼씩 사흘 먹을 식재료 준비

쌀 70g×3=210g, 불린 쌀 무게의 4배 생수
- 다진 닭고기 70g, 밤 70g, 부추 70g, 분유+찬물이나 쌀뜨물(잡내 제거)
- 다진 소고기 70g, 소고기와 어울리는 채소 두 가지 각각 70g
- 해산물 70g, 해산물과 어울리는 채소 두 가지 각각 70g

🌿 만드는 순서

1. 쌀 70g은 깨끗이 씻은 후 30분 이상 물에 담가 불려둔다.
2. 닭고기 70g을 잘게 썰어서 분유를 탄 찬물이나 쌀뜨물에 30분 이상 담가 잡내를 없앤 후 건져둔다. 아예 다진 닭고기를 구입해 써도 좋다.
3. 밤 70g은 껍질을 깐 후 머신으로 썰어둔다.
4. 부추 70g은 흐르는 물에 씻은 후 5mm 길이로 잘게 잘라둔다.
5. 불린 쌀과 물쌀 무게의 4배을 냄비에 넣고 중불에서 끓이다가 바포가 울리면 약불로 줄여 15분 정도 뜸을 들인 후 불을 끈다.
6. 준비해둔 다진 닭고기, 밤, 부추와 물 반 컵을 냄비에 넣고 뚜껑을 닫은 후 중불에서 바포가 울릴 때까지 익힌 후 불을 끈다.
7. 익힌 닭고기, 밤, 부추를 밥알 크기가 되도록 핸드블랜더로 갈아 4배 무른 밥과 섞어 약불에서 한소끔 끓여 닭고기 밤 부추 무른 밥을 완성한다.

식재료 소개

부추는 비타민A, B, C와 카로틴, 철 등이 풍부해 혈액 순환이 잘 되도록 해주며 소화 기관을 튼튼하게 해주는 식재료이다. 약간 따뜻한 성질을 갖고 있으며, 마늘과 비슷한 강장強壯 효과가 있고 간 기능을 강화시키는데 도움이 된다.

후기 이유식 1단계

4

소고기 감자 비트 무른 밥

🌱 하루 한 끼씩 사흘 먹을 식재료 준비

쌀 70g, 불린 쌀 무게의 4배 생수
다진 소고기 70g, 감자 70g, 비트 70g

🌱 한꺼번에 하루 세 끼씩 사흘 먹을 식재료 준비

쌀 70g×3=210g, 불린 쌀 무게의 4배 생수
- 다진 소고기 70g, 감자 70g, 비트 70g,
- 다진 닭고기 70g, 닭고기와 어울리는 채소 두 가지 각각 70g, 분유+찬물이나 쌀뜨물 (잡내 제거)
- 해산물 70g, 해산물과 어울리는 채소 두 가지 각각 70g

🌿 만드는 순서

1. 쌀 70g은 깨끗이 씻은 후 30분 이상 물에 담가 불려둔다.
2. 다진 소고기 70g은 찬물에 30분 이상 담가 핏물을 뺀 후 건져둔다.
3. 감자 70g은 껍질째 깨끗이 씻어 머신으로 썰어둔다.
4. 비트 70g도 껍질째 깨끗이 씻어 머신으로 썰어둔다.
5. 불린 쌀과 물쌀 무게의 4배을 냄비에 넣고 중불에서 끓이다가 바포가 울리면 약불로 줄여 15분 정도 뜸을 들인 후 불을 끈다.
6. 준비해둔 다진 소고기, 감자, 비트와 물 반 컵을 냄비에 넣고 뚜껑을 닫은 후 중불에서 바포가 울릴 때까지 익힌 후 불을 끈다.
7. 익힌 소고기, 감자, 비트를 밥알 크기가 되도록 핸드블랜더로 갈아 4배 무른 밥과 섞어 약불에서 한소끔 끓여 소고기 감자 비트 무른 밥을 완성한다.

식재료 소개

감자는 땅에서 캐지만 뿌리 작물이 아닌 덩이줄기이다. 수분이 75%, 녹말이 13%, 단백질이 2% 들어있고 지방은 거의 없으며 사과보다 3배 정도 비타민C가 많이 들어있다. 또 밀가루보다 필수 아미노산을 많이 함유하고 있으며, 같은 양의 쌀밥보다 철분이 많이 들어있어서 빈혈 환자에게 이로운 식재료이다.

그런데 감자 싹에는 솔라닌 독소가 들어있으므로 보관에 신경을 써야 한다. 사과와 함께 보관하면, 사과에서 나오는 물질이 감자의 발아를 다소 늦출 수 있다. 감자 싹이 돋아난 파란 부분은 꼭 잘라내어 식재료에 들어가지 않도록 조심해야 한다.

후기 이유식 1단계

5

소고기 브로콜리 양파 무른 밥

🌿 하루 한 끼씩 사흘 먹을 식재료 준비

쌀 70g, 불린 쌀 무게의 4배 생수
다진 소고기 70g, 브로콜리 70g, 양파 70g

🌿 한꺼번에 하루 세 끼씩 사흘 먹을 식재료 준비

쌀 70g×3=210g, 불린 쌀 무게의 4배 생수
- 다진 소고기 70g, 브로콜리 70g, 양파 70g
- 다진 닭고기 70g, 닭고기와 어울리는 채소 두 가지 각각 70g, 분유+찬물이나 쌀뜨물(잡내 제거)
- 해산물 70g, 해산물과 어울리는 채소 두 가지 각각 70g

🌿 만드는 순서

1. 쌀 70g은 깨끗이 씻은 후 30분 이상 물에 담가 불려둔다.
2. 다진 소고기 70g은 찬물에 30분 이상 담가 핏물을 뺀 후 건져둔다.
3. 브로콜리 70g은 줄기도 같이 깨끗이 씻어 머신으로 썰어둔다.
4. 양파 70g은 껍질을 벗기고 깨끗이 씻어 썰어둔다.
5. 불린 쌀과 물쌀 무게의 4배를 냄비에 넣고 중불에서 끓이다가 바포가 울리면 약불로 줄여 15분 정도 뜸을 들인 후 불을 끈다.
6. 준비해둔 다진 소고기, 브로콜리, 양파와 물 반 컵을 냄비에 넣고 뚜껑을 닫은 후 중불에서 바포가 울릴 때까지 익힌 후 불을 끈다.
7. 익힌 소고기, 브로콜리, 양파를 밥알 크기가 되도록 핸드블랜더로 갈아 4배 무른 밥과 섞어 약불에서 한소끔 끓여 소고기 브로콜리 양파 무른 밥을 완성한다.

식재료 소개

브로콜리는 로마시대부터 뛰어난 건강식품으로 인정받은 채소이다. 우리가 주로 먹는 부분은 두툼한 줄기 끝에 무수히 매달려 있는 어린 꽃이다. 영양분은 공처럼 생긴 둥근 꽃보다 딱딱한 줄기 부분에 더 많다.

브로콜리에는 엽산, 칼륨, 철분 성분이 많이 들어 있고 품질이 좋은 단백질이 함유되어 있으며 칼슘과 비타민A와 C, 베타카로틴 성분도 들어있다. 그래서 항산화작용을 해주며 암 예방, 혈압 조절, 상처 치유, 혈액 해독, 간 보호에 도움이 되고, 눈과 치아, 뼈 건강에도 좋은 이유식 재료이다.

팁!

브로콜리의 둥근 공처럼 생긴 부분은, 무수히 많은 작은 꽃들이다. 브로콜리를 고를 때는 꽃이 피지 않아 진한 색깔을 띠고 있는 것이 싱싱하다. 큰 것은 줄기가 질기므로, 좀 작더라도 단단한 것을 고르도록 한다.

브로콜리는 유기농 제품을 구입하는 것이 좋고, 유기농 제품이라 하더라도 반드시 꼼꼼히 씻어야 한다. 베이킹소다 혹은 식초를 탄 물에 넣고 물 위에 뜨지 않도록 눌러둔 채 20분쯤 푹 담가두었다가 물속에서 흔들면 공처럼 생긴 둥근 꽃 속에 남아있던 이물질이나 작은 벌레, 잔류농약 같은 것이 나온다. 그러고 나서 줄기를 잡고 흐르는 물에 씻으면 된다.

머신으로 썰면 딱딱한 줄기가 머신에 눌려져 부드러워지므로 영양분이 많은 줄기도 이유식 재료로 사용할 수 있다. 칼로 자르면 산화가 일어나지만, 머신으로 자르면 산화가 일어나지 않아 채소의 색깔이 유지되고 영양분 손실도 줄일 수 있다.

후기 이유식 1단계

6

오징어 감자 배추 무른 밥

🌿 하루 한 끼씩 사흘 먹을 식재료 준비

쌀 70g, 불린 쌀 무게의 4배 생수
다진 오징어 70g, 감자 70g, 배추 70g

🌿 한꺼번에 하루 세 끼씩 사흘 먹을 식재료 준비

쌀 70g×3=210g, 불린 쌀 무게의 4배 생수
- 다진 오징어 70g, 감자 70g, 배추 70g
- 다진 소고기 70g, 소고기와 어울리는 채소 두 가지 각각 70g
- 다진 닭고기 70g, 닭고기와 어울리는 채소 두 가지 각각 70g, 분유+찬물이나 쌀뜨물 (잡내 제거)

🌿 만드는 순서

1. 쌀 70g은 깨끗이 씻은 후 30분 이상 물에 담가 불려둔다.
2. 냉동된 다진 오징어 70g은 상온에서 해동한 후 물에 씻어둔다.
3. 감자 70g은 껍질째 깨끗이 씻어 머신으로 썰어둔다.
4. 배추 70g은 줄기까지 깨끗이 씻어 잘게 썰어둔다.
5. 불린 쌀과 물쌀 무게의 4배을 냄비에 넣고 중불에서 끓이다가 바포가 울리면 약불로 줄여 15분 정도 뜸을 들인 후 불을 끈다.
6. 준비해둔 다진 오징어, 감자, 배추와 물 반 컵을 냄비에 넣고 뚜껑을 닫은 후 중불에서 바포가 울릴 때까지 익힌 후 불을 끈다.
7. 익힌 오징어, 감자, 배추를 밥알 크기가 되도록 핸드블랜더로 갈아 4배 무른 밥과 섞어 약불에서 한소끔 끓여 오징어 감자 배추 무른 밥을 완성한다.

식재료 소개

배추는 김치를 만들어 먹는 우리나라 사람들에게는 친숙한 채소다. 된장국에도 잘 어울리고 배추 나물, 배추전도 맛있다.

소고기와 배추는 찰떡궁합이다. 소고기가 배추에 부족한 단백질을 보충해주며 배추는 영양의 균형을 맞춰준다.

배추와 감자를 함께 넣어 만드는 이유식은 상상한 것보다 훨씬 맛있다. 아기도 맛있게 먹는다.

이유식 재료로 제철 식품을 이용하면 신선해서 맛이 배가 된다.

3. 후기 이유식 2단계

아기는 11개월 정도가 되면 180ml가 좀 넘는 양을 먹을 수 있다. 채소를 한 가지 더 추가하는 후기 이유식 2단계로 접어든다.

후기 이유식 2단계에서는 재료가 다섯 가지이다. 한 끼 이유식으로 쌀과 단백질류, 그리고 채소 세 가지로 단백질 채소 무른 밥을 만든다.

소고기와 채소 세 가지, 닭고기와 채소 세 가지, 해산물과 채소 세 가지가 든 이유식을 하루 세끼씩 사흘 동안 먹을 수 있도록 준비한다.

쌀은 70g×3=210g을 깨끗이 씻어 불리고, 불린 쌀 무게의 4배가 되는 생수로 4배 무른 밥을 만든다.

소고기 70g과 채소를 각각 70g씩 세 가지를 넣어 한 끼씩 사흘 동안 먹을 수 있는 소고기 채소 무른 밥을 만든다.

그리고 닭고기 70g과 채소를 각각 70g씩 세 가지를 넣어 한 끼씩 사흘 동안 먹을 수 있는 닭고기 채소 무른 밥을 만든다.

또, 해산물 70g과 채소를 각각 70g씩 세 가지를 넣어 한 끼씩 사흘 동안 먹을 수 있는 해산물 채소 무른 밥을 만든다.

① 냄비 뚜껑을 닫고 중불로 끓인 후, 바포가 울리면 약불에서 15분 뜸들이는 공식대로 4배 무른 밥을 만든다.
② 재료를 다 준비해 놓고 한 냄비에서 한꺼번에 익힌 후, 믹서로 밥알 크기가 되도록 갈아 만든다.
③ 냄비에 넣고 뚜껑을 닫은 후, 약불에서 한소끔 끓이면 후기 2단계 이유식이 완성된다.

이유식을 만들 때마다 이 3단계 표준화 공식을 다 적용시킬 수 있다. 반 진공 조리도구인 샐러드마스터 냄비 2개와 머신만 있으면, 7단계 모든 이유식을 간단하고도 쉽게 척척 만들 수 있다.

후기 이유식 2단계

1
광어살 가지 부추 콩나물 무른 밥

🌾 하루 한 끼씩 사흘 먹을 식재료 준비

쌀 70g, 불린 쌀 무게의 4배 생수
다진 광어살 70g, 가지 70g, 부추 70g, 콩나물 70g

🌾 한꺼번에 하루 세 끼씩 사흘 먹을 식재료 준비

쌀 70g×3=210g, 불린 쌀 무게의 4배 생수
- 다진 광어살 70g, 가지 70g, 부추 70g, 콩나물 70g
- 다진 소고기 70g, 소고기와 어울리는 채소 세 가지 각각 70g
- 다진 닭고기 70g, 닭고기와 어울리는 채소 세 가지 각각 70g, 분유+찬물이나 쌀뜨물 (잡내 제거)

🌿 만드는 순서

1. 쌀 70g은 깨끗이 씻은 후 30분 이상 물에 담가 불려둔다.
2. 냉동된 다진 광어살 70g은 상온에서 녹여둔다.
3. 가지 70g은 껍질째 깨끗이 씻어 머신으로 썰어둔다.
4. 콩나물 70g은 콩깍지와 꼬리 부분을 떼어내고 깨끗이 씻어둔다.
5. 부추 70g은 흐르는 물에 씻은 후 5mm 길이로 잘게 잘라둔다.
6. 불린 쌀과 물쌀 무게의 4배을 냄비에 넣고 중불에서 끓이다가 바포가 울리면 약불로 줄여 15분 정도 뜸을 들인 후 불을 끈다.
7. 준비해둔 다진 광어살, 가지, 부추, 콩나물과 물 반 컵을 냄비에 넣고 뚜껑을 닫은 후 중불에서 바포가 울릴 때까지 익힌 후 불을 끈다.
8. 익힌 광어살, 가지, 부추, 콩나물을 밥알 크기가 되도록 핸드블랜더로 갈아 4배 무른 밥과 섞어 약불에서 한소끔 끓여 광어살 가지 콩나물 부추 무른 밥을 완성한다.

식재료 소개

오늘은 파이토케미칼이 풍부하게 들어 있는 가지를 이유식 식재료로 사용하려고 한다. 가지는 양배추와 함께 단맛이 나는 대표적인 채소로 쉽게 구할 수 있으며 가격 대비 안토시아닌 함유량이 많다.

가지는 강력한 항산화 작용으로 세포를 보호해 주고 면역력을 유지하게 해준다. 또 식이섬유가 많아 소화를 돕고 신진대사를 촉진시킨다. 칼륨과 마그네슘도 풍부하게 들어 있어서 심혈관 건강을 지켜준다. 이뿐만이 아니다. 다양한 비타민과 미네랄을 비롯한 각종 영양소를 골고루 함유하고 있어서 뼈 건강에도 도움이 되고 간 기능을 활성화시켜 건강한 체내 환경을 유지하게 해주고, 혈당을 조절해 주며 시력을 강화시키고 다양한 종류의 암을 예방하고 치료하는데 도움이 된다.

후기 이유식 2단계

2

달걀 감자 부추 연근 무른 밥

🌾 하루 한 끼씩 사흘 먹을 식재료 준비

쌀 70g, 불린 쌀 무게의 4배 생수
달걀 2개노른자만, 감자 70g, 부추 70g, 연근 70g

🌾 한꺼번에 하루 세 끼씩 사흘 먹을 식재료 준비

쌀 70g×3=210g, 불린 쌀 무게의 4배 생수
- 달걀 2개노른자만, 감자 70g, 부추 70g, 연근 70g
- 다진 소고기 70g, 소고기와 어울리는 채소 세 가지 각각 70g,
- 다진 닭고기 70g, 닭고기와 어울리는 채소 세 가지 각각 70g, 분유+찬물이나 쌀뜨물 (잡내 제거)

🌿 만드는 순서

1. 쌀 70g은 깨끗이 씻은 후 30분 이상 물에 담가 불려둔다.
2. 달걀은 노른자만 2개 준비해둔다.
3. 감자 70g은 껍질째 깨끗이 씻어 머신으로 썰어둔다.
4. 부추 70g은 흐르는 물에 씻은 후 5mm 길이로 잘게 잘라둔다.
5. 연근 70g은 껍질째 깨끗이 씻어 머신으로 썰어둔다.
6. 불린 쌀과 물쌀 무게의 4배을 냄비에 넣고 중불에서 끓이다가 바포가 울리면 약불로 줄여 15분 정도 뜸을 들인 후 불을 끈다.
7. 준비해둔 달걀 노른자 2개, 감자, 부추, 연근과 물 반 컵을 냄비에 넣고 뚜껑을 닫은 후 중불에서 바포가 울릴 때까지 익힌 후 불을 끈다.
8. 익힌 달걀 노른자, 감자, 부추, 연근을 밥알 크기가 되도록 핸드블랜더로 갈아 4배 무른 밥과 섞어 약불에서 한소끔 끓여 달걀 감자 부추 연근 무른 밥을 완성한다.

식재료 소개

달걀은 아주 중요한 식재료로 단백질이 풍부해서 뼈와 근육이 성장하는데 도움이 된다. 달걀을 처음 맛보게 해줄 때는 노른자부터 먼저 먹이도록 한다. 흰자는 알레르기 반응이 나타날 수 있으므로 완료기 이유식 때 주는 것이 좋다.

연근은 비타민C와 철분, 식이섬유가 풍부해 빈혈과 변비, 감기 예방에 좋다.

후기 이유식 2단계

3

닭고기 고구마 당근 팽이버섯 무른 밥

🌿 하루 한 끼씩 사흘 먹을 식재료 준비

쌀 70g, 불린 쌀 무게의 4배 생수
다진 닭고기 70g, 고구마 70g, 당근 70g, 팽이버섯 70g, 분유+찬물이나 쌀뜨물(잡내 제거)

🌿 한꺼번에 하루 세 끼씩 사흘 먹을 식재료 준비

쌀 70g×3=210g, 불린 쌀 무게의 4배 생수
- 다진 닭고기 70g, 고구마 70g, 당근 70g, 팽이버섯 70g, 분유+찬물이나 쌀뜨물(잡내 제거)
- 다진 소고기 70g, 소고기와 어울리는 채소 세 가지 각각 70g
- 해산물 70g, 해산물과 어울리는 채소 세 가지 각각 70g

🌿 만드는 순서

1. 쌀 70g은 깨끗이 씻은 후 30분 이상 물에 담가 불려둔다.
2. 닭고기 70g을 잘게 썰어서 분유를 탄 찬물이나 쌀뜨물에 30분 이상 담가 잡내를 없앤 후 건져둔다. 아예 다진 닭고기를 구입해 써도 좋다.
3. 고구마 70g은 껍질째 깨끗이 씻어 머신으로 썰어둔다.
4. 당근 70g은 껍질째 깨끗이 씻어 머신으로 썰어둔다.
5. 팽이버섯 70g은 끝을 자른 후 흐르는 물에 씻어 1cm 길이로 짧게 잘라둔다.
6. 불린 쌀과 물쌀 무게의 4배을 냄비에 넣고 중불에서 끓이다가 바포가 울리면 약불로 줄여 15분 정도 뜸을 들인 후 불을 끈다.
7. 준비해둔 다진 닭고기, 고구마, 당근, 팽이버섯과 물 반 컵을 냄비에 넣고 뚜껑을 닫은 후 중불에서 바포가 울릴 때까지 익힌 후 불을 끈다.
8. 익힌 닭고기, 고구마, 당근, 팽이버섯을 밥알 크기가 되도록 핸드블랜더로 갈아 4배 무른 밥과 섞어 약불에서 한소끔 끓여 닭고기 고구마 당근 팽이버섯 무른 밥을 완성한다.

식재료 소개

팽이버섯은 반찬으로도, 국이나 찌개, 찜에도 자주 사용하는 식재료이다.

팽이버섯은 가격이 저렴한데 비해 다양한 영양소를 갖고 있다. 비타민B1, 비타민C 와 각종 미네랄이 풍부하게 들어 있어서 세균과 바이러스로부터 우리 몸을 보호해 준다. 변비 예방에 탁월하며 성장기 아동의 기억력을 증진시키고 성장기 발육에 도움이 된다.

팽이버섯은 바깥 막이 두꺼워서 냉동실에 얼린 후 꺼내어 해동시켜 익히면 질기지 않은 식재료가 된다.

후기 이유식 2단계

4

닭고기 밤 적채 팽이버섯 무른 밥

🌿 하루 한 끼씩 사흘 먹을 식재료 준비

쌀 70g, 불린 쌀 무게의 4배 생수
다진 닭고기 70g, 밤 70g, 적채 70g, 팽이버섯 70g, 분유+찬물이나 쌀뜨물(잡내 제거)

🌿 한꺼번에 하루 세 끼씩 사흘 먹을 식재료 준비

쌀 70g×3=210g, 불린 쌀 무게의 4배 생수
- 다진 닭고기 70g, 밤 70g, 적채 70g, 팽이버섯 70g, 분유+찬물이나 쌀뜨물(잡내 제거)
- 다진 소고기 70g, 소고기와 어울리는 채소 세 가지 각각 70g
- 해산물 70g, 해산물과 어울리는 채소 세 가지 각각 70g

만드는 순서

1. 쌀 70g은 깨끗이 씻은 후 30분 이상 물에 담가 불려둔다.
2. 닭고기 70g을 잘게 썰어서 분유를 탄 찬물이나 쌀뜨물에 30분 이상 담가 잡내를 없앤 후 건져둔다. 아예 다진 닭고기를 구입해 써도 좋다.
3. 밤 70g은 껍질을 깐 후 머신으로 썰어둔다.
4. 적채 70g은 줄기도 포함하여 머신으로 썰어둔다.
5. 팽이버섯 70g은 끝을 자른 후 흐르는 물에 씻어 1cm 길이로 짧게 잘라둔다.
6. 불린 쌀과 물쌀 무게의 4배을 냄비에 넣고 중불에서 끓이다가 바포가 울리면 약불로 줄여 15분 정도 뜸을 들인 후 불을 끈다.
7. 준비해둔 다진 닭고기, 밤, 적채, 팽이버섯과 물 반 컵을 냄비에 넣고 뚜껑을 닫은 후 중불에서 바포가 울릴 때까지 익힌 후 불을 끈다.
8. 익힌 닭고기, 밤, 적채, 팽이버섯을 밥알 크기가 되도록 핸드블랜더로 갈아 4배 무른 밥과 섞어 약불에서 한소끔 끓여 닭고기 밤 적채 팽이버섯 무른 밥을 완성한다.

식재료 소개

밤은 단백질과 지방, 탄수화물, 비타민, 칼슘이 풍부해 심장과 뼈 건강, 특히 아이들 성장 발육에 이로운 식재료이다. 비타민C와 비타민B6가 풍부하게 들어 있어서 피부에 좋고, 면역력을 강화시켜주며 감기 예방과 피로회복에 도움이 된다. 밤의 식이섬유는 소화를 도와주고 소화기관을 튼튼하게 해주므로 위장 질환이 있거나 소화가 잘 안 되는 사람, 허약 체질인 사람에게도 좋다. 또 변비를 예방하게 해주고 포만감을 느끼게 하며 지방 함량이 낮아 다이어트할 때 한 몫을 한다.

밤은 닭고기와 잘 어울리는 식재료이며 소고기와 잘 어울리지 않는 식재료이다. 닭고기와 함께 밤을 먹으면 빈혈 예방에 도움이 된다.

후기 이유식 2단계

5

명태살 두부 무 아욱 무른 밥

🌿 하루 한 끼씩 사흘 먹을 식재료 준비

쌀 70g, 불린 쌀 무게의 4배 생수
명태살 70g, 두부 70g, 무 70g, 아욱 70g

🌿 한꺼번에 하루 세 끼씩 사흘 먹을 식재료 준비

쌀 70g×3=210g, 불린 쌀 무게의 4배 생수
- 명태살 70g, 두부 70g, 무 70g, 아욱 70g
- 다진 소고기 70g, 소고기와 어울리는 채소 세 가지 각각 70g
- 다진 닭고기 70g, 닭고기와 어울리는 채소 세 가지 각각 70g, 분유+찬물이나 쌀뜨물 (잡내 제거)

만드는 순서

1 쌀 70g은 깨끗이 씻은 후 30분 이상 물에 담가 불려둔다.
2 냉동된 명태살 70g을 상온에서 해동하여 흐르는 물에 씻어둔다.
3 두부 70g은 적당한 크기로 잘라둔다.
4 무 70g은 껍질째 깨끗이 씻어 머신에 썰어둔다.
5 아욱 70g은 질긴 줄기를 버리고 연한 줄기와 잎의 투명한 껍질을 벗긴 후 식초물에 담가 농약을 씻어내고 소금에 바락바락 주물러 치댄 후 초록색 거품이 나오면 흐르는 물에 깨끗이 씻어 잘게 썰어둔다.
6 불린 쌀과 물쌀 무게의 4배을 냄비에 넣고 중불에서 끓이다가 바포가 울리면 약불로 줄여 15분 정도 뜸을 들인 후 불을 끈다.
7 준비해둔 명태살, 두부, 무, 아욱과 물 반 컵을 냄비에 넣고 뚜껑을 닫은 후 중불에서 바포가 울릴 때까지 익힌 후 불을 끈다.
8 익힌 명태살, 두부, 무, 아욱을 밥알 크기가 되도록 핸드블랜더로 갈아 4배 무른 밥과 섞어 약불에서 한소끔 끓여 명태살 두부 무 아욱 무른 밥을 완성한다.

식재료 소개

명태는 우리나라에서 친숙한 대구과 물고기인데, 국물 맛을 내기에 적합한 생선으로 맛이 담백하다. 잡힌 시기, 보관 방식이나 가공 방식에 따라 다양한 이름으로 부른다. '생태'를 얼린 것이 '동태'이며, 북쪽지방에서 많이 잡히는 물고기라는 뜻으로 붙여진 이름이 '북어'인데, 북어는 명태를 뻣뻣한 채로 건조시킨 것이다. '코다리'는 내장과 아가미를 제거한 후 코에 꿰어 반 건조 상태로 말린 것이다. '황태'는 말리는 과정에서 얼고 녹는 과정을 반복하면서 노랗게 된 것으로 속살이 부드럽다. 바싹 말린 어린 명태는 '노가리'라고 부른다. 북어를 세는 단위는 '쾌'인데, 한 쾌는 북어 20마리를 뜻한다.

대표적인 흰살 생선인 명태는 칼슘, 인, 철 등 무기질과 필수아미노산이 풍부한 고단백 저지방 식품이다. 명태의 필수아미노산은 간을 보호하고 피로 회복에 도움이 되며, 명태에 들어있는 트립토판과 리신 성분은 두뇌를 발달시켜주며 성장기 어린이 세포 발육을 촉진시켜 성장 발육을 돕는다. 또 오메가3 지방산과 DHA는 인지 기능과 뇌신경 기능 개선에 좋다.

따뜻한 성질의 명태와 서늘한 성질의 콩나물을 같이 먹으면 음식의 균형이 맞고 해독 효과까지 높아져 찰떡궁합이다. 단백질이 풍부한 명태와 시래기를 함께 섭취하면 겨울철 건강에 필요한 영양 성분을 고루 섭취할 수 있다. 또, 명태와 미나리를 함께 먹으면 간 기능 개선, 눈 건강, 염증 완화에 효능을 기대할 수 있다.

무는 특유의 쌉쌀하면서 매운맛이 있지만, 그만큼 단맛도 있는 뿌리채소다. 아삭아삭한 식감을 가지고 있으며 제철 무는 특히 단맛이 강하다.

물이 많은 식재료라 익히면 물컹물컹해지며 무 특유의 시원한 맛이 있어서 육수를 낼 때 자주 쓴다.

비타민과 미네랄이 풍부해 영양 만점인 무는 예로부터 천연소화제로 쓰였다. 비타민A, B, C와 미네랄이 풍부하게 함유되어 있어서 부족해지기 쉬운 영양소를 보충해주며 면역력을 높여준다.

아욱은 중국에서 '채소의 왕'이라고 불릴 정도로 영양분이 풍부하게 들어있다.
'아욱국 끓이는 냄새가 나면 집 나간 며느리도 돌아온다.' '아욱으로 국을 끓여 삼 년을 먹으면 외짝 문으로는 못 들어간다.'라는 속담이 있을 정도로 아욱은 몸에도 좋고 맛도 좋은 식재료이다. 특히 '가을 아욱국은 사위만 준다.' '가을 아욱국은 문 닫아걸고 먹는다.'라는 속담이 있을 정도로 가을 아욱은 맛있다.
아욱은 단백질, 칼슘 함유량이 시금치보다 2배 이상 높고, 식이섬유도 많이 들어있어서 성장기 아이들 발육에 도움이 되며 뼈 건강과 신장 기능 향상에도 효과적이다. 아욱 100g에 들어 있는 비타민A의 양이 사람이 하루에 먹어야 할 비타민A의 양이라고 할 만큼 비타민A가 풍부한 식재료이며, 식이섬유가 풍부해 변비에도 효과가 있다.
비타민A, C가 풍부하므로 단백질과 비타민B가 풍부한 생선살이나 새우, 두부와 함께 섭취하면 서로 부족한 영양을 채울 수 있다.
특히 건새우가 아욱과 궁합이 좋다. 아기가 조금 더 자라면 된장을 조금 풀어 아욱국을 끓여주도록 한다.
억센 줄기는 잘라내고 남은 줄기는 얇은 껍질을 벗겨서 식재료로 사용한다. 특히 잎은 식초를 푼 물에 담가두었다가 건져낸 후, 소금을 한 주먹 넣어 바락바락 주물러 치댄 후 헹구어내어 풋내를 제거하는 게 좋다.
아욱은 근대와 구별하기가 어려운데, 아욱이 근대보다 줄기가 좀 더 가늘고 잎이 부드럽다. 성질이 차가운 식재료이므로 계속해서 많이 먹이는 것은 권하고 싶지 않다.
아욱 대신 쑥갓을 사용해도 된다. 쑥갓은 우리나라를 포함해 동양에서 잎채소로 이용하는 식물이다. 원산지는 지중해 연안이며 서양에서도 곧잘 키우는데 식용으로 먹지는 않고 꽃을 보려고 키운다고 한다. 그만큼 노란 꽃이 예쁘다. 크산토필, 베타카로틴, 비타민B 복합체 중 B1, B2, B3, B5, B6, B9, 비타민C, 비타민K 등 많은 영양소가 들어있다.

6
새우살 두부 아욱 팽이버섯 무른 밥

🌾 하루 한 끼씩 사흘 먹을 식재료 준비

쌀 70g, 불린 쌀 무게의 4배 생수
다진 새우살 70g, 두부 70g, 아욱 70g, 팽이버섯 70g

🌾 한꺼번에 하루 세 끼씩 사흘 먹을 식재료 준비

쌀 70g×3=210g, 불린 쌀 무게의 4배 생수
- 다진 새우살 70g, 두부 70g, 아욱 70g, 팽이버섯 70g
- 다진 소고기 70g, 소고기와 어울리는 채소 세 가지 각각 70g
- 다진 닭고기 70g, 닭고기와 어울리는 채소 세 가지 각각 70g, 분유+찬물이나 쌀뜨물 (잡내 제거)

🌿 만드는 순서

1. 쌀 70g은 깨끗이 씻은 후 30분 이상 물에 담가 불려둔다.
2. 냉동된 다진 새우살 70g을 상온에서 해동해 흐르는 물에 씻어 체에 걸러둔다.
3. 두부 70g은 적당한 크기로 잘라둔다.
4. 아욱 70g은 질긴 줄기를 버리고 연한 줄기와 잎의 투명한 껍질을 벗긴 후 식초물에 담가 농약을 씻어내고 소금에 바락바락 주물러 치댄 후 초록색 거품이 나오면 흐르는 물에 깨끗이 씻어 잘게 썰어둔다.
5. 팽이버섯 70g은 끝을 자른 후 흐르는 물에 씻어 1cm 길이로 짧게 잘라둔다.
6. 불린 쌀과 물쌀 무게의 4배을 냄비에 넣고 중불에서 끓이다가 바포가 울리면 약불로 줄여 15분 정도 뜸을 들인 후 불을 끈다.
7. 준비해둔 다진 새우살, 두부, 아욱, 팽이버섯과 물 반 컵을 냄비에 넣고 뚜껑을 닫은 후 중불에서 바포가 울릴 때까지 익힌 후 불을 끈다.
8. 익힌 새우살, 두부, 아욱, 팽이버섯을 밥알 크기가 되도록 핸드블랜더로 갈아 4배 무른 밥과 섞어 약불에서 한소끔 끓여 새우살 두부 아욱 팽이버섯 무른 밥을 완성한다.

식재료 소개

두부는 콩으로 만들어진 식물성 단백질이 풍부한 음식이다. 단백질은 우리 몸의 성장과 발달에 필요한 영양소라 아기에게도 꼭 필요하다. 두부는 칼슘도 풍부해서 뼈를 튼튼하게 만드는데 도움이 된다.

찌개나 전, 샐러드 등 다양한 요리에 활용할 수 있다. 특히 새우 요리를 할 때 두부를 식재료로 함께 쓰면 좋다. 새우에는 콜레스테롤이 들어있는데, 두부가 콜레스테롤을 낮춰주기 때문이다.

후기 이유식 2단계

7

소고기 두부 미역 양파 무른 밥

🌿 하루 한 끼씩 사흘 먹을 식재료 준비

쌀 70g, 불린 쌀 무게의 4배 생수
다진 소고기 70g, 두부 70g, 미역 70g, 양파, 혹은 자색 양파 70g

🌿 한꺼번에 하루 세 끼씩 사흘 먹을 식재료 준비

쌀 70g×3=210g, 불린 쌀 무게의 4배 생수
- 다진 소고기 70g, 두부 70g, 미역 70g, 양파, 혹은 자색 양파 70g
- 다진 닭고기 70g, 닭고기와 어울리는 채소 세 가지 각각 70g, 분유+찬물이나 쌀뜨물 (잡내 제거)
- 해산물 70g, 해산물과 어울리는 채소 세 가지 각각 70g

만드는 순서

1. 쌀 70g은 깨끗이 씻은 후 30분 이상 물에 담가 불려둔다.
2. 다진 소고기 70g은 찬물에 30분 이상 담가 핏물을 뺀 후 건져둔다.
3. 두부 70g은 적당한 크기로 잘라둔다.
4. 미역 70g은 물에 불린 후 소금을 넣어 바락바락 주물러 씻은 후 잘게 잘라 준비해둔다.
5. 양파 70g은 껍질을 벗기고 깨끗이 씻어 썰어둔다.
6. 불린 쌀과 물쌀 무게의 4배를 냄비에 넣고 중불에서 끓이다가 바포가 울리면 약불로 줄여 15분 정도 뜸을 들인 후 불을 끈다.
7. 준비해둔 다진 소고기, 두부, 미역, 양파와 물 반 컵을 냄비에 넣고 뚜껑을 닫은 후 중불에서 바포가 울릴 때까지 익힌 후 불을 끈다.
8. 익힌 소고기, 두부, 미역, 양파를 밥알 크기가 되도록 핸드블랜더로 갈아 끓인 4배 무른 밥과 섞어 약불에서 한소끔 끓여 소고기 두부 미역 양파 무른 밥을 완성한다.

식재료 소개

바다에 사는 식물로 미역, 다시마, 톳, 김 등이 있다. 미역, 다시마, 톳, 김은 칼슘이 풍부해 뼈 건강에 도움이 되고, 식이섬유가 풍부해 변비를 예방한다. 그중 김은 우리나라 사람들이 가장 많이 먹는 해조류이다.

소고기와 미역은 잘 어울리는 식재료이며, 미역과 두부 또한 잘 어울리는 식재료이다. 미역을 불리면 식이섬유가 많아 끈적거리는데, 콜레스테롤과 지방을 배출하는데 도움이 된다.

소고기+미역+두부 이유식을 아기들이 좋아한다. 미역 대신 다시마나 톳을 물에 불려 이유식에 넣어도 맛있다. 물에 불리면 부드러워지고, 짠맛도 뺄 수 있다.

후기 이유식 2단계

8
소고기 양배추 우엉 콩나물 무른 밥

🌿 하루 한 끼씩 사흘 먹을 식재료 준비

쌀 70g, 불린 쌀 무게의 4배 생수
다진 소고기 70g, 양배추 70g, 우엉 70g, 콩나물 70g

🌿 한꺼번에 하루 세 끼씩 사흘 먹을 식재료 준비

쌀 70g×3=210g, 불린 쌀 무게의 4배 생수
- 다진 소고기 70g, 양배추 70g, 우엉 70g, 콩나물 70g
- 다진 닭고기 70g, 닭고기와 어울리는 채소 세 가지 각각 70g, 분유+찬물이나 쌀뜨물(잡내 제거)
- 해산물 70g, 해산물과 어울리는 채소 세 가지 각각 70g

123

🌿 만드는 순서

1. 쌀 70g은 깨끗이 씻은 후 30분 이상 물에 담가 불려둔다.
2. 다진 소고기 70g은 찬물에 30분 이상 담가 핏물을 뺀 후 건져둔다.
3. 양배추 70g은 줄기와 같이 머신으로 썰어둔다.
4. 우엉 70g은 껍질째 깨끗이 씻어 머신으로 썰어둔다.
5. 콩나물 70g은 콩깍지와 꼬리 부분을 떼어내고 깨끗이 씻어둔다.
6. 불린 쌀과 물쌀 무게의 4배을 냄비에 넣고 중불에서 끓이다가 바포가 울리면 약불로 줄여 15분 정도 뜸을 들인 후 불을 끈다.
7. 준비해둔 다진 소고기, 양배추, 우엉, 콩나물과 물 반 컵을 냄비에 넣고 뚜껑을 닫은 후 중불에서 바포가 울릴 때까지 익힌 후 불을 끈다.
8. 익힌 소고기, 양배추, 우엉, 콩나물을 밥알 크기가 되도록 핸드블랜더로 갈아 4배 무른 밥과 섞어 약불에서 한소끔 끓여 소고기 양배추 우엉 콩나물 무른 밥을 완성한다.

식재료 소개

우엉은 뿌리와 잎을 먹을 수 있는 채소다. 당질의 일종인 이눌린이 풍부해 신장 기능을 높여주고, 풍부한 섬유질이 배변을 촉진시켜 준다.

처음 맛보는 우엉의 향이 강해 아기가 잘 먹지 않을까봐 70g보다 적은 양을 넣었다. 그런데 아기가 맛있게 먹어 그 다음부터는 양을 70g으로 늘렸다.

우엉은 섬유질이 많고 질긴 재료로 껍질에 영양분이 많으므로 우엉 70g을 껍질째 깨끗이 씻어 머신으로 썰어둔다. 딱딱한 우엉을 머신으로 썰면 눌러지면서 부드러워진다.

6부

완료기

1. 완료기 이유식 레시피

단계	시기	하루 횟수	한 끼 분량	밥 종류	재료	무게
	13개월 ~	3회	200ml	2배 진 밥	쌀	100g
					소고기 닭고기 혹은 돼지고기 해산물 중에서 한 가지	100g
					채소1	100g
					채소2	100g
					채소3	100g

2. 완료기 이유식

아기는 13개월부터 하루 세 번, 한 끼 분량으로 200ml 이상 먹는 완료기로 넘어가게 된다. 이제 4배 무른 밥에서 2배 진 밥으로 바뀌고, 돼지고기도 먹을 수 있다. 소고기와 채소 세 가지, 닭고기나 돼지고기와 채소 세 가지, 해산물과 채소 세 가지가 든 이유식을 하루 세 끼씩 사흘 동안 먹을 수 있도록 준비한다. 한 끼 먹을 분량은, 쌀과 고기와 채소가 각각 100g씩이다.

　이제부터 밥과 반찬을 따로 만든다. 아이가 씹는 재미를 느낄 수 있을 정도로 반찬 알갱이 크기도 제법 커진다.

　하루 세 끼씩 사흘 동안 먹을 양을 한꺼번에 만들려면,

　쌀 100g×3=300g을 깨끗이 씻어서 생수에 30분 이상 담가 불린 후, 불린 쌀 무게의 2배가 되는 물쌀 불린 물+생수을 넣어 진밥을 짓는다. 밥이 다 되면, 이유식 용기를 아홉 개 준비해놓고 진밥을 나눠 담는다.

　다진 소고기 100g을 30분 이상 찬물에 담가 핏물을 뺀 후, 소고기 100g과 소고기와 어울리는 채소를 각각 100g씩 세 가지를 넣어 하루 한 끼씩 사흘 동안 먹을 수 있는 소고기+채소 반찬을 만든다.

　같은 방법으로 닭고기 100g 혹은 돼지고기 100g을 분유를 탄 찬물이나 쌀뜨물 혹은 찬물에 30분 이상 담가 두었다가 헹궈, 닭고기 혹은 돼지고기와 어울리는 채소를 각각 100g씩 세 가지를 넣어 하루 한 끼씩 사흘 동안 먹을 수 있는 닭고기 혹은 돼지고기+채소 반찬을 만든다.

　또, 냉동 해산물은 상온에서 해동한 후, 해산물 100g과 해산물과 잘 어울리는 채소를 각각 100g씩 세 가지를 넣어 하루 한 끼씩 사흘 동안 먹을 수 있는 해산물+채소 반찬을 만든다.

　소고기와 채소를 섞은 반찬을 하루 한 끼씩 사흘 동안 먹을 분량, 닭고기 또는 돼지고기와 채소를 섞은 반찬을 하루 한 끼씩 사흘 동안 먹을 분량, 해산물과 채소를 섞은 반찬을 하루 한 끼씩 사흘 동안 먹을 분량을 다 만들어둔다.

　2배 진밥으로 아홉 끼, 즉 사흘 동안 먹을 것을 냉장 보관해 두고 먹을 때마다 밥 한 끼와 반찬 한 끼를 데워 먹이면 시간도 절약할 수 있고, 엄마도 편하다.

　완료기 이유식을 먹는 시기에는 오전 8시에 아침, 오후 1시에 점심, 저녁 6시에 저녁을 먹이고, 자기 전에 분유 200ml 이상 먹이는 스케줄을 시도해보기 바란다.

완료기

1

달걀 감자 느타리버섯 청경채 진 밥

🌿 하루 한 끼씩 사흘 먹을 식재료 준비

쌀 100g, 불린 쌀 무게의 2배 생수
달걀 2개, 감자 100g, 느타리버섯 100g, 청경채 100g

🌿 한꺼번에 하루 세 끼씩 사흘 먹을 식재료 준비

쌀 100g×3=300g, 불린 쌀 무게의 2배 생수
- 달걀 2개, 감자 100g, 느타리버섯 100g, 청경채 100g
- 다진 돼지고기 혹은 닭고기 100g, 돼지고기 혹은 닭고기와 어울리는 채소 세 가지 각각 100g, 닭고기일 경우 분유+찬물이나 쌀뜨물(잡내 제거)
- 다진 소고기 100g, 다진 소고기와 어울리는 채소 세 가지 각각 100g

🌿 만드는 순서

1. 쌀 100g은 깨끗이 씻은 후 30분 이상 물에 담가 불려둔다.
2. 불린 쌀과 물쌀 무게의 2배을 냄비에 넣고 중불에서 끓이다가 바포가 울리면 약불로 줄여 15분 정도 뜸을 들인 후 불을 끈다.
3. 달걀 2개를 준비해둔다.
4. 감자 100g은 껍질째 깨끗이 씻어 머신으로 썰어둔다.
5. 느타리버섯 100g은 깨끗이 씻어 잘게 썰어둔다.
6. 청경채 100g은 줄기까지 깨끗이 씻어 잘게 썰어둔다.
7. 준비해둔 달걀 2개, 감자, 느타리버섯, 청경채와 물 반 컵을 냄비에 넣고 뚜껑을 닫은 후 중불에서 바포가 울릴 때까지 익힌 후 불을 끈다.
8. 익힌 달걀, 감자, 느타리버섯, 청경채를 섞은 반찬을 보관그릇에 담아 냉장 보관한다.
9. 2배 진밥을 이유식 용기에 나누어 담아 냉장 보관한다.
10. 한 끼 먹을 반찬과 2배 진밥을 데워 아기에게 먹인다.

완료기

2

닭고기 고구마 애호박 콩나물 진 밥

🌿 하루 한 끼씩 사흘 먹을 식재료 준비

쌀 100g, 불린 쌀 무게의 2배 생수
다진 닭고기 100g, 고구마 100g, 애호박 100g, 콩나물 100g, 분유+찬물이나 쌀뜨물(잡내 제거)

🌿 한꺼번에 하루 세 끼씩 사흘 먹을 식재료 준비

쌀 100g×3=300g, 불린 쌀 무게의 2배 생수
- 다진 닭고기 100g, 고구마 100g, 애호박 100g, 콩나물 100g, 분유+찬물이나 쌀뜨물(잡내 제거)
- 다진 소고기 100g, 소고기와 어울리는 채소 세 가지 각각 100g
- 해산물 100g, 해산물과 어울리는 채소 세 가지 각각 100g

만드는 순서

1. 쌀 100g은 깨끗이 씻은 후 30분 이상 생수에 담가 불려둔다.
2. 불린 쌀과 물쌀 무게의 2배을 냄비에 넣고 중불에서 끓이다가 바포가 울리면 약불로 줄여 15분 정도 뜸을 들인 후 불을 끈다.
3. 닭고기 100g을 잘게 썰어서 분유를 탄 찬물이나 쌀뜨물에 30분 이상 담가 잡내를 없앤 후 건져둔다. 아예 다진 닭고기를 구입해 써도 좋다.
4. 고구마 100g은 껍질째 깨끗이 씻어 머신으로 썰어둔다.
5. 애호박 100g도 껍질째 깨끗이 씻어 머신으로 썰어둔다.
6. 콩나물 100g은 콩깍지와 꼬리 부분을 떼어내고 깨끗이 씻어 칼로 잘게 다져 놓는다.
7. 준비해둔 다진 닭고기, 고구마, 애호박, 콩나물과 물 반 컵을 냄비에 넣고 뚜껑을 닫은 후 중불에서 바포가 울릴 때까지 익힌 후 불을 끈다.
8. 익힌 닭고기, 고구마, 애호박, 콩나물을 섞은 반찬을 보관그릇에 담아 냉장 보관한다.
9. 2배 진밥을 이유식 용기에 나누어 담아 냉장 보관한다.
10. 한 끼 먹을 반찬과 2배 진밥을 데워 아기에게 먹인다.

팁!

완료기 이유식은 모든 재료가 100g씩이다. 밥은 2배 진밥이고, 익힌 재료들을 밥알 크기보다 좀 더 크게 만들면 된다.

소고기, 닭고기, 돼지고기, 해산물에 각각 세 종류의 채소들을 다양하게 식재료로 사용한다.

'단백질과 채소들을 한 냄비에 담고 물 반 컵을 넣고 뚜껑을 닫은 후 중불에서 바포가 울리면 불을 끈다.'는 공식대로 반찬을 만들면 된다. 세 끼 사흘 동안 먹을 반찬을 세 종류로 만들어 각각 그릇에 담아 냉장 보관한다.

완료기의 밥은 2배 진밥이다. 쌀을 30분 이상 불리고, 불린 쌀 양의 2배가 되는 생수를 넣어 뚜껑을 닫고 중불로 익히다가 바포가 울리면 약불로 15분 동안 뜸들인 후 불을 끄면, 완료기 우리 아기를 위한 맛있는 냄비 밥이 완성된다.

세 끼씩 사흘 동안 먹을 밥이 필요하므로 쌀 100g×3=300g의 쌀을 생수에 불려 2배 진밥을 만든 후, 9개의 이유식 그릇에 각각 담아 냉장 보관한다.

한 끼는 소고기 반찬, 또 한 끼는 닭고기나 돼지고기 반찬, 또 다른 한 끼는 해산물 반찬으로 만든 후, 각각의 반찬을 셋으로 나누어 냉장 보관해 두었다가 밥과 비벼 먹인다.

완료기

3

대게살 감자 애호박 파프리카 진 밥

🌿 하루 한 끼씩 사흘 먹을 식재료 준비

쌀 100g, 불린 쌀 무게의 2배 생수
다진 대게살 100g, 감자 100g, 애호박 100g, 파프리카 100g

🌿 한꺼번에 하루 세 끼씩 사흘 먹을 식재료 준비

쌀 100g×3=300g, 불린 쌀 무게의 2배 생수
- 다진 대개살 100g, 감자 100g, 애호박 100g, 파프리카 100g
- 다진 소고기 100g, 소고기와 어울리는 채소 세 가지 각각 100g
- 다진 닭고기 혹은 돼지고기 100g, 닭고기 혹은 돼지고기와 어울리는 채소 세 가지 각각 100g, 닭고기일 경우 분유+찬물이나 쌀뜨물(잡내 제거)

🌿 만드는 순서

1. 쌀 100g은 깨끗이 씻은 후 30분 이상 물에 담가 불려둔다.
2. 불린 쌀과 물쌀 무게의 2배을 냄비에 넣고 중불에서 끓이다가 바포가 울리면 약불로 줄여 15분 정도 뜸을 들인 후 불을 끈다.
3. 냉동된 다진 대게살 100g은 흐르는 물에 헹궈 상온에서 해동해둔다.
4. 감자 100g은 껍질째 깨끗이 씻어 머신으로 썰어둔다.
5. 애호박 100g도 껍질째 깨끗이 씻어 머신으로 썰어둔다.
6. 파프리카 100g은 꼭지를 떼고 씨와 하얀 부분을 없앤 후, 깨끗이 씻어 잘게 썰어둔다.
7. 준비해둔 다진 대게살, 감자, 애호박, 파프리카와 물 반 컵을 냄비에 넣고 뚜껑을 닫은 후 중불에서 바포가 울릴 때까지 익힌 후 불을 끈다.
8. 익힌 대게살, 감자, 애호박, 파프리카를 섞은 반찬을 보관그릇에 담아 냉장 보관한다.
9. 2배 진밥을 이유식 용기에 나누어 담아 냉장 보관한다.
10. 한 끼 먹을 반찬과 2배 진밥을 데워 아기에게 먹인다.

식재료 소개

대게는 다리 마디가 대나무처럼 생겨 대竹게라고 부르게 되었다. 영어로는 Snow crab 이라 부르는데, 미국에서 눈이 많이 오는 북부 찬 바다에서 잡히기 때문에 붙여진 이름이라고 한다.

우리나라에서도 겨울에 주로 대게를 먹는다. 키토산, 타우린, 칼슘, 철분, 비타민 등의 함량이 높아 면역력을 높여 주고, 피로 회복에 좋으며, 뼈 건강을 강화시켜 주고 시력 회복에도 도움이 된다.

파프리카는 터키를 대표하는 향신료로 오스만제국 때 헝가리로 전파되었다고 한다. 단맛이 나는 것부터 매운맛이 나는 것까지 맛이 다양하고 유럽 특히 헝가리에서는 매운 고추로 알려져 있다.

그러나 우리나라에서 나는 파프리카는 색감이 예쁘고 식감이 좋으며 단맛이 나고, 빨강, 주황, 노랑, 초록, 검정, 보라, 흰색, 갈색 등 색깔도 다양하다.

칼슘과 인 성분이 풍부하고, 비타민C가 딸기의 2배, 오렌지의 4배, 키위의 6배, 사과의 41배나 들어있다. 섬유질이 풍부해 소화를 촉진하고 장운동을 도와 노폐물 배출에도 도움이 된다.

파프리카는 색과 맛을 단시간에 잃기 때문에 오래 보관하기 어려우므로 소량만 구입해 사용하는 것이 좋다.

완료기

4
돼지고기 가지 배추 사과 진 밥

🌿 하루 한 끼씩 사흘 먹을 식재료 준비

쌀 100g, 불린 쌀 무게의 2배 생수
다진 돼지고기 100g, 가지 100g, 배추 100g, 사과 100g

🌿 한꺼번에 하루 세 끼씩 사흘 먹을 식재료 준비

쌀 100g×3=300g, 불린 쌀 무게의 2배 생수
- 다진 돼지고기 100g, 가지 100g, 배추 100g, 사과 100g
- 다진 소고기 100g, 소고기와 어울리는 채소 세 가지 각각 100g
- 해산물 100g, 해산물과 어울리는 채소 세 가지 각각 100g

🌿 만드는 순서

1. 쌀 100g은 깨끗이 씻은 후 30분 이상 물에 담가 불려둔다.
2. 불린 쌀과 물쌀 무게의 2배을 냄비에 넣고 중불에서 끓이다가 바포가 울리면 약불로 줄여 15분 정도 뜸을 들인 후 불을 끈다.
3. 다진 돼지고기 100g은 찬물에 30분 이상 담가 핏물을 뺀 후 물기를 빼서 준비해둔다.
4. 가지 100g은 껍질째 깨끗이 씻어 머신으로 썰어둔다.
5. 배추 100g은 줄기까지 깨끗이 씻어 잘게 썰어둔다.
6. 사과 100g은 껍질째 깨끗이 씻어 머신으로 썰어둔다.
7. 준비해둔 다진 돼지고기, 가지, 배추, 사과와 물 반 컵을 냄비에 넣고 뚜껑을 닫은 후 중불에서 바포가 울릴 때까지 익힌 후 불을 끈다.
8. 익힌 돼지고기, 가지, 배추, 사과를 섞은 반찬을 보관그릇에 담아 냉장 보관한다.
9. 2배 진밥을 이유식 용기에 나누어 담아 냉장 보관한다.
10. 한 끼 먹을 반찬과 2배 진밥을 데워 아기에게 먹인다.

완료기

5

돼지고기 당근 미나리 양파 진 밥

🌿 하루 한 끼씩 사흘 먹을 식재료 준비

쌀 100g, 불린 쌀 무게의 2배 생수
다진 돼지고기 100g, 당근 100g, 미나리 100g, 양파 100g

🌿 한꺼번에 하루 세 끼씩 사흘 먹을 식재료 준비

쌀 100g×3=300g, 불린 쌀 무게의 2배 생수
- 다진 돼지고기 100g, 당근 100g, 미나리 100g, 양파 100g
- 다진 소고기 100g, 소고기와 어울리는 채소 세 가지 각각 100g
- 해산물 100g, 해산물과 어울리는 채소 세 가지 각각 100g

🌿 만드는 순서

1. 쌀 100g은 깨끗이 씻은 후 30분 이상 물에 담가 불려둔다.
2. 불린 쌀과 물(쌀 무게의 2배)을 냄비에 넣고 중불에서 끓이다가 바포가 울리면 약불로 줄여 15분 정도 뜸을 들인 후 불을 끈다.
3. 다진 돼지고기 100g은 찬물에 30분 이상 담가 핏물을 뺀 후 물기를 빼서 준비해둔다.
4. 당근 100g은 껍질째 깨끗이 씻어 머신으로 썰어둔다.
5. 미나리 100g은 깨끗이 씻어 잘게 썰어둔다.
6. 양파 100g은 껍질을 벗기고 깨끗이 씻어 썰어둔다.
7. 준비해둔 다진 돼지고기, 당근, 미나리, 양파와 물 반 컵을 냄비에 넣고 뚜껑을 닫은 후 중불에서 바포가 울릴 때까지 익힌 후 불을 끈다.
8. 익힌 돼지고기, 당근, 미나리, 양파를 섞은 반찬을 보관그릇에 담아 냉장 보관한다.
9. 2배 진밥을 이유식 용기에 나누어 담아 냉장 보관한다.
10. 한 끼 먹을 반찬과 2배 진밥을 데워 아기에게 먹인다.

식재료 소개

미나리는 비타민과 미네랄, 섬유질이 많은 채소로 특유의 향으로 식욕을 돋운다. 미나리는 몸의 열을 없애고 갈증을 해소시켜 준다. 복어탕에 미나리를 넣는 것은 복어의 독을 해독시키기 위해서이다.

봄이 되면 미나리와 함께 돼지고기를 즐기는 분들이 많다. 돼지고기에 향긋한 미나리를 함께 곁들여 먹으면 느끼함도 잡아주고 아삭함과 향긋함이 잘 어울린다. 미나리는 돼지고기의 짠맛을 중화시켜주고 기름기를 제거해 소화를 도와준다. 미나리와 돼지고기는 서로 부족한 영양분을 보충해 주므로 음식 궁합이 좋은 식품이다.

완료기 이유식이긴 하지만 미나리 특유의 향 때문에 아기가 이유식을 먹지 않겠다고 할까봐 걱정이 되어 망설이다가 돼지고기와 함께 만들어 주었다. 그런데 다행히 아기가 맛있게 잘 먹었다.

완료기

6
돼지고기 무화과 부추 표고버섯 진 밥

🌿 하루 한 끼씩 사흘 먹을 식재료 준비

쌀 100g, 불린 쌀 무게의 2배 생수
다진 돼지고기 100g, 무화과 2개, 부추 100g, 표고버섯 100g

🌿 한꺼번에 하루 세 끼씩 사흘 먹을 식재료 준비

쌀 100g×3=300g, 불린 쌀 무게의 2배 생수
- 다진 돼지고기 100g, 무화과 2개, 부추 100g, 표고버섯 100g
- 다진 소고기 100g, 소고기와 어울리는 채소 세 가지 각각 100g
- 해산물 100g, 해산물과 어울리는 채소 세 가지 각각 100g

만드는 순서

1. 쌀 100g은 깨끗이 씻은 후 30분 이상 물에 담가 불려둔다.
2. 불린 쌀과 물쌀 무게의 2배을 냄비에 넣고 중불에서 끓이다가 바포가 울리면 약불로 줄여 15분 정도 뜸을 들인 후 불을 끈다.
3. 다진 돼지고기 100g은 찬물에 30분 이상 담가 핏물을 뺀 후 물기를 빼서 준비해둔다.
4. 무화과 2개를 흐르는 물에 껍질째 씻어 잘게 썰어둔다.
5. 부추 100g은 흐르는 물에 씻은 후 5mm 길이로 잘게 잘라둔다.
6. 표고버섯 100g은 기둥은 떼어 내고 흐르는 물에 씻어 잘게 썰어둔다.
7. 준비해둔 다진 돼지고기, 무화과, 부추, 표고버섯과 물 반 컵을 냄비에 넣고 뚜껑을 닫은 후 중불에서 바포가 울릴 때까지 익힌 후 불을 끈다.
8. 익힌 돼지고기, 무화과, 부추, 표고버섯을 섞은 반찬을 보관그릇에 담아 냉장 보관한다.
9. 2배 진밥을 이유식 용기에 나누어 담아 냉장 보관한다.
10. 한 끼 먹을 반찬과 2배 진밥을 데워 아기에게 먹인다.

팁!

돌을 지나고 이유식 완료기부터 아기는 돼지고기를 먹을 수 있다. 돼지고기는 찬 성질을 갖고 있으므로, 따뜻한 성질을 가진 식재료와 함께 반찬을 만들어 주는 게 좋다.
산도가 높은 과일인 키위, 파인애플, 사과 또는 따뜻한 성질의 무화과를 넣어 이유식을 만들어준다. 채소로는 미나리, 당근, 양파, 깻잎, 표고버섯, 그리고 녹두, 미역, 다시마, 톳, 김, 우뭇가사리 등이 어울린다.
돼지고기+양파+깻잎+파인애플로 반찬을 만들어 주어도 좋고, 돼지고기+미나리+당근+사과로 반찬으로 만들어줘도 좋다.
동네 식육점에 가서 이유식에 필요한 돼지고기를 사려고 한다고 말하면 다져준다. 또 유기농 매장에 가서 다진 돼지고기를 구입해도 좋다. 100g씩 소분해 냉동실에 보관하고, 꺼내어 찬물에 30분 이상 담가두면 해동이 되면서 핏물이 빠진다.

완료기

7

명태살 양배추 양파 파프리카 진 밥

🌿 하루 한 끼씩 사흘 먹을 식재료 준비

쌀 100g, 불린 쌀 무게의 2배 생수
다진 명태살 100g, 양배추 100g, 양파, 혹은 자색 양파 100g, 파프리카 100g

🌿 한꺼번에 하루 세 끼씩 사흘 먹을 식재료 준비

쌀 100g×3=300g, 불린 쌀 무게의 2배 생수
- 다진 명태살 100g, 양배추 100g, 양파, 혹은 자색 양파 100g, 파프리카 100g
- 다진 소고기 100g, 소고기와 어울리는 채소 세 가지 각각 100g
- 다진 돼지고기 혹은 닭고기 100g, 돼지고기 혹은 닭고기와 어울리는 채소 세 가지 각각 100g

🌿 만드는 순서

1. 쌀 100g은 깨끗이 씻은 후 30분 이상 물에 담가 불려둔다.
2. 불린 쌀과 물쌀 무게의 2배을 냄비에 넣고, 중불에서 끓이다가 바포가 울리면 약불로 줄여 15분 정도 뜸을 들인 후 불을 끈다.
3. 냉동된 다진 명태살 100g을 상온에서 해동하여 흐르는 물에 씻어둔다.
4. 양배추 100g은 줄기와 함께 머신으로 썰어둔다.
5. 양파 100g은 껍질을 벗기고 깨끗이 씻어 썰어둔다.
6. 파프리카 100g은 꼭지를 떼고 씨와 하얀 부분을 없앤 후, 깨끗이 씻어 잘게 썰어둔다.
7. 준비해둔 다진 명태살, 양배추, 양파, 파프리카와 물 반 컵을 냄비에 넣고 뚜껑을 닫은 후 중불에서 바포가 울릴 때까지 익힌 후 불을 끈다.
8. 익힌 명태살, 양배추, 양파, 파프리카를 섞은 반찬을 보관그릇에 담아 냉장 보관한다.
9. 2배 진밥을 이유식 용기에 나누어 담아 냉장 보관한다.
10. 한 끼 먹을 반찬과 2배 진밥을 데워 아기에게 먹인다.

(명태살 대신 돼지고기나 닭고기를 식재료로 쓸 때는 분유를 탄 찬물이나 쌀뜨물에 담가 잡내를 제거한다.)

잠깐!

아기를 위한 완료기 이유식으로 2배 진밥을 지어 맛을 보다가 깜짝 놀랐다. 불린 쌀과 물의 비율을 1:1로 지어 뜸을 잘 들인 밥이 물론 맛있지만, 불린 쌀과 물의 비율을 1:2로 지은 2배 진밥도 정말 맛있었다. 밥알이 터지지 않고 살아있으면서 윤기가 자르르 도는 2배 진밥을 여러분도 꼭 맛보기 바란다. 2배 진밥을 한번 맛본 후 필자는 1:1.5~1:2로 냄비 밥을 지어 먹고 있다.

완료기

8
새우살 아욱 표고버섯 풋콩 진 밥

🌾 하루 한 끼씩 사흘 먹을 식재료 준비

쌀 100g, 불린 쌀 무게의 2배 생수
다진 새우살 100g, 아욱 100g, 표고버섯 100g, 풋콩 100g

🌾 한꺼번에 하루 세 끼씩 사흘 먹을 식재료 준비

쌀 100g×3=300g, 불린 쌀 무게의 2배 생수
- 다진 새우살 100g, 아욱 100g, 표고버섯 100g, 풋콩 100g
- 다진 소고기 100g, 소고기와 어울리는 채소 세 가지 각각 100g
- 닭고기 혹은 돼지고기 100g, 닭고기 혹은 돼지고기와 어울리는 채소 세 가지 각각 100g, 닭고기일 경우 분유+찬물이나 쌀뜨물(잡내 제거)

🌿 만드는 순서

1 쌀 100g은 깨끗이 씻은 후 30분 이상 물에 담가 불려둔다.
2 불린 쌀과 물쌀 무게의 2배을 냄비에 넣고 중불에서 끓이다가 바포가 울리면 약불로 줄여 15분 정도 뜸을 들인 후 불을 끈다.
3 냉동된 다진 새우살 100g은 상온에서 해동해 흐르는 물에 씻어 채로 걸러둔다.
4 아욱 100g은 질긴 줄기를 버리고 연한 줄기와 잎의 투명한 껍질을 벗긴 후 식초 물에 담가 농약을 씻어내고 소금에 바락바락 주물러 치댄 후 초록색 거품이 나오면 흐르는 물에 깨끗이 씻어 잘게 썰어둔다.
5 표고버섯 100g은 기둥은 떼어 내고 흐르는 물에 씻어 잘게 썰어둔다.
6 풋콩 100g은 씻어 핸드블랜더로 갈아둔다.
7 준비해둔 다진 새우살, 아욱, 표고버섯, 풋콩과 물 반 컵을 냄비에 넣고 뚜껑을 닫은 후 중불에서 바포가 울릴 때까지 익힌 후 불을 끈다.
8 익힌 새우살, 아욱, 표고버섯, 풋콩을 섞은 반찬을 보관그릇에 담아 냉장 보관한다.
9 2배 진밥을 이유식 용기에 나누어 담아 냉장 보관한다.
10 한 끼 먹을 반찬과 2배 진밥을 데워 아기에게 먹인다.

식재료 소개

새우는 사람들이 즐겨 먹는 해산물로 담백하면서 쫄깃하고 육질이 탱글탱글하다. 신선한 새우는 진한 단맛이 난다. 해산물이라 생물일 때는 비린 맛이 나지만, 익히면 괜찮다. 새우는 지방은 적고 단백질이 풍부해서 다이어트에도 도움이 된다. 칼로리가 낮은 편이어서 중간 크기 정도의 새우를 10개 정도 먹어도 100칼로리가 안 된다.
콜레스테롤 함량이 높은 음식이기는 하지만, 포화지방산은 낮은 편이므로 튀김 요리가 아니라면 걱정하지 않아도 된다.
이유식 재료로 쓸 수 있도록 새우를 껍질을 까고 내장을 제거한 후, 다져서 큐브로 냉동한 것을 유기농매장에서 판매하고 있으니, 그걸 구입해 식재료로 사용해도 된다.

풋콩은 다 자라긴 했지만, 덜 여물어 깍지 속에 들어 있는 콩을 뜻한다. 풋콩은 밭에서 나는 소고기라고 부를 만큼 식물성 단백질이 풍부하다. 칼륨, 마그네슘, 비타민B군, 식이섬유, 사포닌 등이 들어 있어서 체력이 떨어지거나 영양 불균형이 되지 않도록 해준다. 식물성 오메가3도 함유되어 있으며, 풋콩에 든 인지질은 두뇌 발달에 특히 좋다.
익은 콩은 너무 딱딱해서 물러지도록 삶는데 시간이 걸리므로 이유식에는 풋콩을 사용하도록 한다. 이번에는 풋완두콩을 사용했는데, 풋강낭콩을 사용해도 좋다.
강낭콩에는 비타민B 복합체가 많이 함유되어 있어서 면역력을 높여 준다. 그리고 필수 아미노산인 라이신, 로이신, 트립토판 등이 풍부해 성장기 어린이에게 좋다.
완두콩은 비타민, 식이섬유, 단백질 등이 풍부한 식재료이다. 비타민B1은 머리를 좋게 해주고, 비타민B5는 면역력을 높이는데 도움이 되며, 비타민C는 항산화 작용을 한다. 단백질은 근육과 뼈의 성장을 도와 어린이 체력 증진에 좋다.

완료기

9

소고기 당근 애호박 양파 진 밥

🌾 하루 한 끼씩 사흘 먹을 식재료 준비

쌀 100g, 불린 쌀 무게의 2배 생수
다진 소고기 100g, 당근 100g, 애호박 100g, 양파, 혹은 자색 양파 100g

🌾 한꺼번에 하루 세 끼씩 사흘 먹을 식재료 준비

쌀 100g×3=300g, 불린 쌀 무게의 2배 생수
- 다진 소고기 100g, 당근 100g, 애호박 100g, 양파, 혹은 자색 양파 100g
- 다진 닭고기 혹은 돼지고기 100g, 닭고기 혹은 돼지고기와 어울리는 채소 세 가지 각각 100g, 닭고기일 경우 분유+찬물이나 쌀뜨물(잡내 제거)
- 해산물 100g, 해산물과 어울리는 채소 세 가지 각각 100g

만드는 순서

1. 쌀 100g은 깨끗이 씻은 후 30분 이상 물에 담가 불려둔다.
2. 불린 쌀과 물쌀 무게의 2배을 냄비에 넣고 중불에서 끓이다가 바포가 울리면 약불로 줄여 15분 정도 뜸을 들인 후 불을 끈다.
3. 다진 소고기 100g은 찬물에 30분 이상 담가 핏물을 뺀 후 건져둔다.
4. 당근 100g은 껍질째 깨끗이 씻어 머신으로 썰어둔다.
5. 애호박 100g은 껍질째 깨끗이 씻어 머신으로 썰어둔다.
6. 양파 100g은 껍질을 벗기고 깨끗이 씻어 썰어둔다.
7. 준비해둔 다진 소고기, 당근, 애호박, 양파와 물 반 컵을 냄비에 넣고 뚜껑을 닫은 후 중불에서 바포가 울릴 때까지 익힌 후 불을 끈다.
8. 익힌 소고기, 당근, 애호박, 양파를 섞은 반찬을 보관그릇에 담아 냉장 보관한다.
9. 2배 진밥을 이유식 용기에 나누어 담아 냉장 보관한다.
10. 한 끼 먹을 반찬과 2배 진밥을 데워 아기에게 먹인다.

식재료 소개

자색 양파는 샐러드를 만들 때 주로 사용하는 식재료이다. 건강을 위해 흰 양파로 만든 양파즙을 많이 마시는데, 잘 살펴보면 자색 양파로 만든 양파즙도 더러 눈에 띈다.
자색 양파는 색깔만으로도 일반 양파보다 맛있어 보여 입맛을 돋운다. 그리고 일반 양파보다 맛과 냄새가 덜 매워서 날 것으로 먹기 편하다. 눈 건강, 해독, 항산화, 고지혈증에 좋은 식재료인데 일반 양파에 비해 저장성이 떨어진다. 양파는 자루 속에 넣은 채로 두면 썩기 쉬우니, 자루 속에서 꺼내어 바람이 잘 통하는 곳에 두고 먹는 것이 좋다.

완료기

10

소고기 두부 무 아욱 진밥

🌿 하루 한 끼씩 사흘 먹을 식재료 준비

쌀 100g, 불린 쌀 무게의 2배 생수
다진 소고기 100g, 두부 100g, 무 100g, 아욱 100g

🌿 한꺼번에 하루 세 끼씩 사흘 먹을 식재료 준비

쌀 100g×3=300g, 불린 쌀 무게의 2배 생수
- 다진 소고기 100g, 두부 100g, 무 100g, 아욱 100g
- 다진 닭고기 혹은 돼지고기 100g, 닭고기 혹은 돼지고기와 어울리는 채소 세 가지 각각 100g, 닭고기일 경우 분유+찬물이나 쌀뜨물(잡내 제거)
- 해산물 100g, 해산물과 어울리는 채소 세 가지 각각 100g

🌿 만드는 순서

1. 쌀 100g은 깨끗이 씻은 후 30분 이상 물에 담가 불려둔다.
2. 불린 쌀과 물쌀 무게의 2배을 냄비에 넣고 중불에서 끓이다가 바포가 울리면 약불로 줄여 15분 정도 뜸을 들인 후 불을 끈다.
3. 다진 소고기 100g은 찬물에 30분 이상 담가 핏물을 뺀 후 건져둔다.
4. 두부 100g은 적당한 크기로 잘라둔다.
5. 무 100g은 껍질째 깨끗이 씻어 머신에 썰어둔다.
6. 아욱 100g은 질긴 줄기를 버리고 연한 줄기와 잎의 투명한 껍질을 벗긴 후 식초 물에 담가 농약을 씻어내고 소금에 바락바락 주물러 치댄 후 초록색 거품이 나오면 흐르는 물에 깨끗이 씻어 잘게 썰어둔다.
7. 준비해둔 다진 소고기, 두부, 무, 아욱과 물 반 컵을 냄비에 넣고 뚜껑을 닫은 후 중불에서 바포가 울릴 때까지 익힌 후 불을 끈다.
8. 익힌 소고기, 두부, 무, 아욱을 섞은 반찬을 보관그릇에 담아 냉장 보관한다.
9. 2배 진밥을 이유식 용기에 나누어 담아 냉장 보관한다.
10. 한 끼 먹을 반찬과 2배 진밥을 데워 아기에게 먹인다.

완료기

11

소고기 두부 미역 팽이버섯 진 밥

🌿 하루 한 끼씩 사흘 먹을 식재료 준비

쌀 100g, 불린 쌀 무게의 2배 생수
다진 소고기 100g, 두부 100g, 미역 100g, 팽이버섯 100g

🌿 한꺼번에 하루 세 끼씩 사흘 먹을 식재료 준비

쌀 100g×3=300g, 불린 쌀 무게의 2배 생수
- 다진 소고기 100g, 두부 100g, 미역 100g, 팽이버섯 100g
- 다진 닭고기 혹은 돼지고기 100g, 닭고기 혹은 돼지고기와 어울리는 채소 세 가지 각각 100g, 닭고기일 경우 분유+찬물이나 쌀뜨물(잡내 제거)
- 해산물 100g, 해산물과 어울리는 채소 세 가지 각각 100g

🌿 만드는 순서

1. 쌀 100g은 깨끗이 씻은 후 30분 이상 물에 담가 불려둔다.
2. 불린 쌀과 물쌀 무게의 2배을 냄비에 넣고 중불에서 끓이다가 바포가 울리면 약불로 줄여 15분 정도 뜸을 들인 후 불을 끈다.
3. 다진 소고기 100g은 찬물에 30분 이상 담가 핏물을 뺀 후 건져둔다.
4. 두부 100g은 적당한 크기로 잘라둔다.
5. 미역 100g은 물에 불린 후 소금을 넣어 바락바락 주물러 씻은 후 잘게 잘라둔다.
6. 팽이버섯 100g은 끝을 자른 후 흐르는 물에 씻어 1cm 길이로 짧게 잘라둔다.
7. 준비해둔 다진 소고기, 두부, 미역, 팽이버섯과 물 반 컵을 냄비에 넣고 뚜껑을 닫은 후, 중불로 익히다가 바포가 울리면 불을 끈다.
8. 익힌 소고기, 두부, 미역, 팽이버섯을 섞은 반찬을 보관그릇에 담아 냉장 보관한다.
9. 2배 진밥을 이유식 용기에 나누어 담아 냉장 보관한다.
10. 한 끼 먹을 반찬과 2배 진밥을 데워 아기에게 먹인다.

식재료 소개

검은콩은 껍질이 검고 속이 파랗다. 10월에 서리를 맞은 후 수확하는데, 물에 담그면 잘 물러지고 당도가 높아 다른 잡곡과 함께 밥에 넣거나 떡을 만들 때 넣는다.
서리태를 발효하여 만든 청국장은 건강에도 좋을 뿐만 아니라 메주로 만든 청국장보다 맛도 뛰어나다. 대두로 만드는 것보다 어렵긴 하지만, 두부도 만들 수 있다. 서리태로 만든 두부는 연한 회색이어서 '흑두부'라고 부른다.
검은콩은 심혈관 건강에 도움이 되며, 혈당 수치를 조절하고 소화가 잘 되게 해주며 장 건강에도 이롭다. 뼈를 튼튼하게 해주고 신진대사를 도울 뿐만 아니라, 정신 건강, 치매 예방에도 도움이 된다. 체중 감량과 해독작용에 도움이 되며 항암작용을 한다.

검은콩은 요오드가 풍부한 미역, 다시마, 김 등과 같은 해조류와 함께 먹으면 더 좋다.
검은콩을 불려서 콩이 푹 물러지도록 삶은 후 껍질을 벗겨 이유식에 넣어 주어도 좋다. 오늘 먹는 이유식에 두부가 들어 있지? 검은콩으로 만든 흑두부를 넣어 주고 싶었는데, 유기농 매장에 없어서 못 샀어. 구하게 되면 흑두부 맛도 보여줄게.

| 완료기 |

12

소고기 브로콜리 양파 토마토 진 밥

🌾 하루 한 끼씩 사흘 먹을 식재료 준비

쌀 100g, 불린 쌀 무게의 2배 생수
다진 소고기 100g, 브로콜리 100g, 양파 100g, 토마토 2개

🌾 한꺼번에 하루 세 끼씩 사흘 먹을 식재료 준비

쌀 100g×3=300g, 불린 쌀 무게의 2배 생수
- 다진 소고기 100g, 브로콜리 100g, 양파 100g, 토마토 2개
- 다진 닭고기 혹은 돼지고기 100g, 닭고기 혹은 돼지고기와 어울리는 채소 세 가지 각각 100g, 닭고기일 경우 분유+찬물이나 쌀뜨물(잡내 제거)
- 해산물 100g, 해산물과 어울리는 채소 세 가지 각각 100g

만드는 순서

1. 쌀 100g은 깨끗이 씻은 후 30분 이상 물에 담가 불려둔다.
2. 불린 쌀과 물쌀 무게의 2배을 냄비에 넣고 중불에서 끓이다가 바포가 울리면 약불로 줄여 15분 정도 뜸을 들인 후 불을 끈다.
3. 다진 소고기 100g은 찬물에 30분 이상 담가 핏물을 뺀 후 건져둔다.
4. 브로콜리 100g은 줄기도 같이 깨끗이 씻어 머신으로 썰어둔다.
5. 양파 100g은 껍질을 벗기고 깨끗이 씻어 썰어둔다.
6. 토마토 2개를 껍질까지 깨끗이 씻어 머신으로 썰어둔다.
7. 준비해둔 다진 소고기, 브로콜리, 양파, 토마토와 물을 조금 냄비에 넣고 뚜껑을 닫은 후, 중불로 익히다가 바포가 울리면 불을 끈다.
8. 익힌 소고기, 브로콜리, 양파, 토마토를 섞은 반찬을 보관그릇에 담아 냉장 보관한다.
9. 2배 진밥을 이유식 용기에 나누어 담아 냉장 보관한다.
10. 한 끼 먹을 반찬과 2배 진밥을 데워 아기에게 먹인다.

식재료 소개

토마토는 과일 같은 채소다. 토마토의 껍질이 의외로 질긴 편이라 토마토소스를 만들 때나 껍질의 식감을 선호하지 않을 때는 껍질을 벗기고 사용한다. 토마토 아랫부분에 십자로 칼금을 그어 끓는 물에 잠깐 넣었다 빼면 껍질을 쉽게 벗길 수 있다. 머신으로 썰어서 이유식 재료로 쓸 때는 껍질째 사용한다.

토마토는 수분이 많으므로 물을 조금만 넣고 요리하거나, 저온에서 요리를 할 때는 물을 넣지 않고 요리하는 게 좋다.

토마토는 설탕을 뿌려 먹는 것보다 소금에 찍어 먹으면 토마토에 들어 있는 칼륨이 소금의 나트륨과 균형을 맞추기 때문에 영양 면으로 좋다.

토마토는 식빵 같은 주식용 빵이나 파스타 같은 여러 가지 면 요리, 그리고 고기 요리와 궁합이 잘 맞는다.

완료기

13

오징어 비트 애호박 양파 진 밥

🌿 하루 한 끼씩 사흘 먹을 식재료 준비

쌀 100g, 불린 쌀 무게의 2배 생수
다진 오징어 100g, 비트 100g, 애호박 100g, 양파 100g

🌿 한꺼번에 하루 세 끼씩 사흘 먹을 식재료 준비

쌀 100g×3=300g, 불린 쌀 무게의 2배 생수
- 다진 오징어 100g, 비트 100g, 애호박 100g, 양파 100g
- 다진 소고기 100g, 소고기와 어울리는 채소 세 가지 각각 100g
- 닭고기 혹은 돼지고기 100g, 닭고기 혹은 돼지고기와 어울리는 채소 세 가지 각각 100g, 닭고기일 경우 분유+찬물이나 쌀뜨물(잡내 제거)

🌿 만드는 순서

1. 쌀 100g은 깨끗이 씻은 후 30분 이상 물에 담가 불려둔다.
2. 불린 쌀과 물쌀 무게의 2배을 냄비에 넣고 중불에서 끓이다가 바포가 울리면 약불로 줄여 15분 정도 뜸을 들인 후 불을 끈다.
3. 냉동된 다진 오징어 100g은 상온에서 해동한 후 물에 씻어둔다.
4. 비트 100g은 껍질째 깨끗이 씻어 머신으로 썰어둔다.
5. 애호박 100g은 껍질째 깨끗이 씻어 머신으로 썰어둔다.
6. 양파 100g은 껍질을 벗기고 씻어 썰어둔다.
7. 준비해둔 다진 오징어, 비트, 애호박, 양파와 물 반 컵을 냄비에 넣고 뚜껑을 닫은 후, 중불로 익히다가 바포가 울리면 불을 끈다.
8. 익힌 오징어, 비트, 애호박, 양파를 섞은 반찬을 보관그릇에 담아 냉장 보관한다.
9. 2배 진밥을 이유식 용기에 나누어 담아 냉장 보관한다.
10. 한 끼 먹을 반찬과 2배 진밥을 데워 아기에게 먹인다.

식재료 소개

오징어에는 소화 흡수가 잘 되는 질 좋은 고급 단백질이 들어있다. 비타민E, 타우린, 아연, DHA, EPA를 풍부하게 함유하고 있어서 성장기 어린이들에게 필요한 좋은 음식이다. 유기농 매장에 가면 오징어를 갈아서 큐브에 담아 냉동시켜 놓은 것이 있으니, 그걸 사용하면 편리하다.

느타리버섯은 비타민D의 모체인 에르고스테롤을 많이 함유하고 있다. 대장 내에서 콜레스테롤 등 지방의 흡수를 막아 비만을 예방해주며 고혈압과 동맥경화 예방 및 치료에 효과가 뛰어나다. 항암치료에도 효과가 있다.

살이 연해 쉽게 상하기 때문에 오랫동안 보관하지 않는 것이 좋다. 식재료로 쓰고 남은 느타리버섯은 물기를 없앤 다음 랩이나 비닐봉지에 싸서 냉장고에 보관한다.

3. 이유식을 처음 만들어보는 엄마들에게!

외할머니가 만든 이유식을 아기에게 먹이며 엄마가 아기에게 말을 겁니다.
"이건 느타리버섯인데 맛이 어때?", "이건 할머니가 키운 감자야.", "이건 쑥갓인데 먹으면 쑥쑥 잘 자란대."
이렇게 재잘재잘 아기에게 이야기를 하며 이유식을 먹여 주었어요. 초기 이유식을 처음 시작할 때부터 완료기 이유식을 지나 유아식을 먹이는 동안 여전히 아기에게 이야기를 들려주고 있습니다.
이렇게 애쓴 덕분인지 손자는 어른 말을 잘 듣고, 알아차리기도 잘합니다. 자기가 할 수 있는 말로 바꾸어 표현하기도 하고요. 식사 시간에 제자리에 앉아 이유식을 먹는 것은 기본이지요. 아기는 다 알아들어요 '이 말을 알 수 있을까?', 어른들만 아는 어려운 단어인데, 아기 말로 바꿔 주어야겠지' 하면서 걱정할 필요 없어요.

엄마들에게 이유식 만들기가 재미있고 쉽게 느껴지면 좋겠어요. 제철 식재료로 엄마가 맛본 맛있는 음식을 떠올리며, 아기가 먹을 수 있도록 부드럽고 작은 알갱이로 만들어주면 됩니다.
아기는 먹는 것이 기본 욕구이니 내가 먹을 것을 만들어주는 사람이 좋을 수밖에 없어요. 그래서 그런지 손자는 식사 시간을 즐거워해요. 음식을 준비하고 있으면 옆에서 기다리고, 식탁으로 가지고 가면 제자리를 찾아 앉아 먹기 시작하거든요.
이런 일도 있었습니다. 손자가 29개월쯤 되었을 때 어린이 집에서 '성냥팔이 소녀' 연극을 보며 눈물을 흘린 적이 있습니다. 어른들은 아이가 어리니 감성이 덜 발달했으리라 생각하는데, 아이들도 다 느낄 줄 아는구나 하는 생각이 들어 놀랐습니다.
아이 엄마가 가끔 손자를 데리고 그림책 도서관에 가곤 하는데, 엄마가 책을 넘기며 그림을 설명해 주면 가만히 앉아서 듣고 좋아합니다. 아기가 태어나서 처음 맛보는 이유식으로 인성을 배우고, 건강을 다지고, 뇌력이 키워진다는 것을 이유식을 만들어 먹이며 새삼 실감하게 됩니다.

7부

이유식 식단 기록

1. 초기 이유식 1단계

		1일째	2일째	3일째	4일째	5일째	6일째
하루 한 끼	종류	쌀 미음	쌀 미음	쌀 미음	찹쌀 미음	찹쌀 미음	찹쌀미음
	시각	08:20	08:00	08:00	11:20	11:30	11:50
	분량	30ml	20ml	30ml	45ml	30ml	40ml
		7일째	8일째	9일째	10일째	11일째	12일째
하루 한 끼	종류	청경채 미음	청경채 미음	청경채 미음	양배추 미음	양배추 미음	양배추 미음
	시각	11:10	15:55	11:30	11:25	18:20	18:20
	분량	50ml	45ml	55ml	50ml	60ml	60ml
		13일째	14일째	15일째	16일째	17일째	18일째
하루 한 끼	종류	브로콜리 미음	브로콜리 미음	브로콜리 미음	감자 미음	감자 미음	감자 미음
	시각	18:35	19:08	12:30	18:40	18:30	18:30
	분량	80ml	75ml	80ml	80ml	70ml	35ml

2. 초기 이유식 2단계

		1일째	2일째	3일째	4일째	5일째	6일째
하루 한 끼	종류	소고기 쌀 미음	소고기 쌀 미음	소고기 쌀 미음	소고기 애호박 쌀 미음	소고기 애호박 쌀 미음	소고기 애호박 쌀 미음
	시각	19:05	18:30	19:00	18:00	18:30	19:40
	분량	60ml	80ml	80ml	80ml	80ml	100ml

		7일째	8일째	9일째	10일째	11일째	12일째
하루 한 끼	종류	소고기 배 쌀 미음	소고기 배 쌀 미음	소고기 배 쌀 미음	소고기 오이 쌀 미음	소고기 오이 쌀 미음	소고기 오이 쌀 미음
	시각	19:00	18:30	18:40	19:00	18:20	11:00
	분량	80ml	85ml	75ml	75ml	35ml	80ml

		13일째	14일째	15일째	16일째	17일째	18일째
하루 한 끼	종류	소고기 단호박 쌀 미음	소고기 단호박 쌀 미음	소고기 단호박 쌀 미음	닭고기 찹쌀 미음	닭고기 찹쌀 미음	닭고기 찹쌀 미음
	시각	15:20	19:00	19:00	19:00	12:40	11:50
	분량	100ml	70ml	70ml	70ml	50ml	40ml

		19일째	20일째	22일째	23일째	24일째	25일째
하루 한 끼	종류	닭고기 고구마 찹쌀 미음	닭고기 고구마 찹쌀 미음	닭고기 고구마 찹쌀 미음	소고기 비타민 쌀 미음	소고기 비타민 쌀 미음	소고기 비타민 쌀 미음
	시각	15:20	19:20	18:00	19:00	18:50	13:50
	분량	100ml	15ml	65ml	60ml	40ml	40ml
		26일째	27일째	28일째			
하루 한 끼	종류	소고기 양파 쌀 미음	소고기 양파 쌀 미음	소고기 양파 쌀 미음			
	시각	18:40	19:30	12:10			
	분량	40ml	55ml	45ml			

3. 중기 이유식 1단계

		1일째	2일째	3일째	4일째	5일째	6일째
첫끼	종류	닭고기 사과 죽	닭고기 사과 죽	닭고기 사과 죽	닭고기 단호박 죽	닭고기 단호박 죽	닭고기 단호박 죽
	시각	11:45	12:50	08:32	08:00	10:45	12:06
	분량	35mL	100mL	60mL	20mL	70mL	45mL
두끼	종류	소고기 당근 죽	소고기 당근 죽	소고기 당근 죽	소고기 배추 찹쌀 죽	소고기 배추 찹쌀 죽	소고기 배추 찹쌀 죽
	시각	19:15	19:36	12:10	15:03	19:42	19:30
	분량	55mL	60mL	55mL	15mL	70mL	85mL
		7일째	8일째	9일째	10일째	11일째	12일째
첫끼	종류	닭고기 애호박 죽	닭고기 애호박 죽	닭고기 애호박 죽	닭고기 청경채 찹쌀 죽	닭고기 청경채 찹쌀 죽	닭고기 청경채 찹쌀 죽
	시각	10:50	11:18	10:59	10:50	10:47	11:29
	분량	65mL	55mL	85mL	60mL	100mL	85mL
두끼	종류	소고기 배추 찹쌀 죽	소고기 배추 찹쌀 죽	소고기 배추 찹쌀 죽	소고기 적채 죽	소고기 적채 죽	소고기 적채 죽
	시간	17:50	18:40	16:30	18:20	18:00	19:15
	분량	85mL	55mL	20mL	60mL	65mL	115mL

		13일째	14일째	15일째	16일째	17일째	18일째
첫끼	종류	닭고기 양파 찹쌀 죽	닭고기 양파 찹쌀 죽	닭고기 양파 찹쌀 죽	닭고기 밤 죽	닭고기 밤 죽	닭고기 밤 죽
	시각	11:13	11:05	14:50	15:34	10:50	14:40
	분량	90mL	100mL	75mL	85mL	135mL	100mL
두끼	종류	소고기 팽이버섯 죽	소고기 팽이버섯 죽	소고기 팽이버섯 죽	소고기 콩나물 죽	소고기 콩나물 죽	소고기 콩나물 죽
	시각	18:55	18:00	18:20	18:45	18:13	17:17
	분량	100mL	90mL	75mL	70mL	130mL	105mL

		19일째	20일째	21일째	22일째	23일째	24일째
첫끼	종류	닭고기 적채 죽	닭고기 적채 죽	닭고기 적채 죽	닭고기 브로콜리 죽	닭고기 브로콜리 죽	닭고기 브로콜리 죽
	시각	14:30	11:40	14:21	11:57	14:45	15:35
	분량	160mL	100mL	145mL	145mL	130mL	0mL
두끼	종류	소고기 근대 죽	소고기 근대 죽	소고기 근대 죽	소고기 표고버섯 죽	소고기 표고버섯 죽	소고기 표고버섯 죽
	시각	17:03	15:20	17:30	18:31	18:26	18:59
	분량	110mL	140mL	135mL	145mL	145mL	140mL

		25일째	26일째	27일째	28일째	29일째	30일째
첫끼	종류	닭고기 시금치 찹쌀 죽	닭고기 시금치 찹쌀 죽	닭고기 시금치 찹쌀 죽	닭고기 키위 죽	닭고기 키위 죽	닭고기 키위 죽
	시각	13:38	11:31	14:20	11:10	10:35	10:56
	분량	145mL	135mL	125mL	100mL	145mL	70mL
두끼	종류	소고기 키위 찹쌀 죽	소고기 키위 찹쌀 죽	소고기 키위 찹쌀 죽	소고기 미역 죽	소고기 미역 죽	소고기 미역 죽
	시각	17:16	15:05	17:30	17:52	14:33	17:20
	분량	145mL	135mL	110mL	160mL	135mL	115mL

		31일째	32일째	33일째	34일째	35일째	36일째
첫끼	종류	닭고기 비타민 죽	닭고기 비타민 죽	닭고기 비타민 죽	닭고기 당근 죽	닭고기 당근 죽	닭고기 당근 죽
	시각	11:44	14:32	11:01	10:30	10:58	10:58
	분량	70mL	100mL	105mL	100mL	115mL	160mL
두끼	종류	소고기 새송이버섯 죽	소고기 새송이버섯 죽	소고기 새송이버섯 죽	소고기 무 죽	소고기 무 죽	소고기 무 죽
	시각	18:35	17:49	19:10	18:48	18:40	18:00
	분량	140mL	50mL	110mL	1 15mL	160mL	180mL

		37일째	38일째	39일째	40일째	41일째	42일째
첫끼	종류	닭고기 부추 죽	닭고기 부추 죽	닭고기 부추 죽	닭고기 사과 죽	닭고기 사과 죽	닭고기 사과 죽
	시각	10:50	11:00	16:22	11:10	10:50	11:20
	분량	160mL	165mL	150mL	160mL	160mL	160mL
두끼	종류	소고기 배 죽	소고기 배 죽	소고기 배 죽	소고기 비트 죽	소고기 비트 죽	소고기 비트 죽
	시각	17:45	17:55	19:37	14:51	14:30	17:40
	분량	165mL	150mL	175mL	150mL	160mL	160mL

4. 중기 이유식 2단계

		1일째	2일째	3일째	4일째	5일째	6일째
첫끼	종류	닭고기 밤 양파 죽	닭고기 밤 양파 죽	닭고기 밤 양파 죽	닭고기 연근 콩나물 죽	닭고기 연근 콩나물 죽	닭고기 연근 콩나물 죽
	시각	11:20	11:36	13:47	10:00	11:05	10:56
	분량	180mL	190mL	220mL	200mL	180mL	200mL
두끼	종류	소고기 감자 시금치 죽	소고기 감자 시금치 죽	소고기 감자 시금치 죽	소고기 단호박 청경채 죽	소고기 단호박 청경채 죽	소고기 단호박 청경채 죽
	시각	16:33	16:20	17:31	17:30	14:57	18:13
	분량	200mL	220mL	210mL	150mL	200mL	180mL
		7일째	8일째	9일째	10일째	11일째	12일째
첫끼	종류	닭고기 고구마 비트 찹쌀 죽	닭고기 고구마 비트 찹쌀 죽	닭고기 고구마 비트 찹쌀 죽	닭고기 파프리카 브로콜리 죽	닭고기 파프리카 브로콜리 죽	닭고기 파프리카 브로콜리 죽
	시각	11:33	11:00	11:20	10:45	11:45	10:52
	분량	180mL	180mL	180mL	190mL	190mL	160mL
두끼	종류	소고기 두부 새송이 찹쌀 죽	소고기 두부 새송이 찹쌀 죽	소고기 두부 새송이 찹쌀 죽	소고기 대두 무 죽	소고기 대두 무 죽	소고기 대두 무 죽
	시각	19:01	16:45	19:32	18:30	17:40	15:15
	분량	180mL	180mL	180mL	180mL	200mL	190mL

		13일째	14일째	15일째	16일째	17일째	18일째
첫끼	종류	닭고기 마 연근 죽	닭고기 마 연근 죽	닭고기 마 연근 죽	닭고기 토란 표고버섯 죽	닭고기 토란 표고버섯 죽	닭고기 토란 표고버섯 죽
	시각	11:09	10:32	12:17	11:15	10:55	11:15
	분량	185mL	170mL	190mL	180mL	240mL	180mL
두끼	종류	소고기 아피오스 오이 죽	소고기 아피오스 오이 죽	소고기 아피오스 오이 죽	소고기 대두 토마토 죽	소고기 대두 토마토 죽	소고기 대두 토마토 죽
	시각	16:59	16:45	20:25	19:34	20:20	18:05
	분량	0mL	190mL	180mL	180mL	180mL	160mL

		19일째	20일째	21일째	22일째	23일째	24일째
첫끼	종류	닭고기 들깨 시금치 죽	닭고기 들깨 시금치 죽	닭고기 들깨 시금치 죽	닭고기 단호박 새송이버섯 죽	닭고기 단호박 새송이버섯 죽	닭고기 단호박 새송이버섯 죽
	시각	11:00	10:49	11:18	11:05	11:30	11:24
	분량	190mL	180mL	180mL	210mL	230mL	225mL
두끼	종류	소고기 감자 아스파라거스 죽	소고기 감자 아스파라거스 죽	소고기 감자 아스파라거스 죽	소고기 검정콩 비타민 죽	소고기 검정콩 비타민 죽	소고기 검정콩 비타민 죽
	시각	19:00	18:13	18:30	20:01	19:28	19:35
	분량	180mL	180mL	190mL	210mL	230mL	235mL

		25일째	26일째	27일째	28일째	29일째	30일째
첫끼	종류	닭고기 녹두 부추 죽	닭고기 녹두 부추 죽	닭고기 녹두 부추 죽	닭고기 두부 새송이버섯 죽	닭고기 두부 새송이버섯 죽	닭고기 두부 새송이버섯 죽
	시각	11:40	11:24	11:02	11:28	11:29	11:25
	분량	235mL	235mL	235mL	235mL	235mL	230mL
두끼	종류	소고기 연근 당근 죽	소고기 연근 당근 죽	소고기 연근 당근 죽	소고기 검정콩 청경채 죽	소고기 검정콩 청경채 죽	소고기 검정콩 청경채 죽
	시각	18:30	15:38	19:26	20:09	19:02	19:34
	분량	235mL	230mL	235mL	235mL	230mL	230mL

		31일째	32일째	33일째	34일째	35일째	36일째
첫끼	종류	닭고기 고구마 비트 죽	닭고기 고구마 비트 죽	닭고기 고구마 비트 죽	닭고기 대추 감자 죽	닭고기 대추 감자 죽	닭고기 대추 감자 죽
	시각	12:03	11:16	11:08	11:10	11:30	11:20
	분량	230mL	230mL	230mL	200mL	210mL	210mL
두끼	종류	소고기 묵 양배추 죽	소고기 묵 양배추 죽	소고기 묵 양배추 죽	소고기 단호박 양파 죽	소고기 단호박 양파 죽	소고기 단호박 양파 죽
	시각	18:27	20:35	19:39	20:30	19:35	20:00
	분량	230mL	230mL	230mL	210mL	230mL	220mL

5. 후기 이유식

	1일째	2일째	3일째	4일째	5일째	6일째
아침	소고기 두부 비트 비타민 양파 무른 밥	소고기 두부 비트 비타민 양파 무른 밥	소고기 두부 비트 비타민 양파 무른 밥	소고기 부추 꽃송이버섯 파프리카 무른 밥	소고기 부추 꽃송이버섯 파프리카 무른 밥	소고기 부추 꽃송이버섯 파프리카 무른 밥
점심	닭고기 두부 비트 비타민 양파 무른 밥	닭고기 두부 비트 비타민 양파 무른 밥	닭고기 두부 비트 비타민 양파 무른 밥	닭고기 부추 꽃송이버섯 파프리카 무른 밥	닭고기 부추 꽃송이버섯 파프리카 무른 밥	닭고기 부추 꽃송이버섯 파프리카 무른 밥
저녁	대구살 두부 비트 비타민 양파 무른 밥	대구살 두부 비트 비타민 양파 무른 밥	대구살 두부 비트 비타민 양파 무른 밥	대게살 부추 꽃송이버섯 파프리카 무른 밥	대게살 부추 꽃송이버섯 파프리카 무른 밥	대게살 부추 꽃송이버섯 파프리카 무른 밥

	7일째	8일째	9일째	10일째	11일째	13일째
아침	소고기 배추 새송이버섯 토마토 무른 밥	소고기 배추 새송이버섯 토마토 무른 밥	소고기 배추 새송이버섯 토마토 무른 밥	소고기 토마토 청경채 감자 무른 밥	소고기 토마토 청경채 감자 무른 밥	소고기 토마토 청경채 감자 무른 밥
점심	닭고기 배추 새송이버섯 토마토 무른 밥	닭고기 배추 새송이버섯 토마토 무른 밥	닭고기 배추 새송이버섯 토마토 무른 밥	닭고기 토마토 청경채 감자 무른 밥	닭고기 토마토 청경채 감자 무른 밥	닭고기 토마토 청경채 감자 무른 밥
저녁	새우살 배추 새송이버섯 토마토 무른 밥	새우살 배추 새송이버섯 토마토 무른 밥	새우살 배추 새송이버섯 토마토 무른 밥	멸치 토마토 청경채 감자 무른 밥	멸치 토마토 청경채 감자 무른 밥	멸치 토마토 청경채 감자 무른 밥

	14일째	15일째	16일째	17일째	18일째	19일째
아침	소고기 묵 열무 양파 무른 밥	소고기 묵 열무 양파 무른 밥	소고기 묵 열무 양파 무른 밥	소고기 죽순 오이 완두콩 무른 밥	소고기 죽순 오이 완두콩 무른 밥	소고기 죽순 오이 완두콩 무른 밥
점심	닭고기 묵 열무 양파 무른 밥	닭고기 묵 열무 양파 무른 밥	닭고기 묵 열무 양파 무른 밥	닭고기 죽순 오이 완두콩 무른 밥	닭고기 죽순 오이 완두콩 무른 밥	닭고기 죽순 오이 완두콩 무른 밥
저녁	오징어 묵 열무 양파 무른 밥	오징어 묵 열무 양파 무른 밥	오징어 묵 열무 양파 무른 밥	대구살 죽순 오이 완두콩 무른 밥	대구살 죽순 오이 완두콩 무른 밥	대구살 죽순 오이 완두콩 무른 밥

	20일째	21일째	23일째	24일째	25일째	26일째
아침	소고기 마늘쫑 표고버섯 우엉 무른 밥	소고기 마늘쫑 표고버섯 우엉 무른 밥	소고기 마늘쫑 표고버섯 우엉 무른 밥	소고기 가지 감자 청경채 콩나물 무른 밥	소고기 가지 감자 청경채 콩나물 무른 밥	소고기 가지 감자 청경채 콩나물 무른 밥
점심	닭고기 마늘쫑 표고버섯 우엉 무른 밥	닭고기 마늘쫑 표고버섯 우엉 무른 밥	닭고기 마늘쫑 표고버섯 우엉 무른 밥	닭고기 가지 감자 청경채 콩나물 무른 밥	닭고기 가지 감자 청경채 콩나물 무른 밥	닭고기 가지 감자 청경채 콩나물 무른 밥
저녁	대게살 마늘쫑 표고버섯 우엉 무른 밥	대게살 마늘쫑 표고버섯 우엉 무른 밥	대게살 마늘쫑 표고버섯 우엉 무른 밥	달걀 노른자 가지 감자 청경채 콩나물 무른 밥	달걀 노른자 가지 감자 청경채 콩나물 무른 밥	달걀 노른자 가지 감자 청경채 콩나물 무른 밥

	28일째	29일째	30일째	31일째	32일째	33일째
아침	소고기 두부 비트 애호박 토마토 무른 밥	소고기 두부 비트 애호박 토마토 무른 밥	소고기 두부 비트 애호박 토마토 무른 밥	소고기 근대 숙주 토란 양배추 느타리버섯 무른 밥	소고기 근대 숙주 토란 양배추 느타리버섯 무른 밥	소고기 근대 숙주 토란 양배추 느타리버섯 무른 밥
점심	닭고기 두부 비트 애호박 토마토 무른 밥	닭고기 두부 비트 애호박 토마토 무른 밥	닭고기 두부 비트 애호박 토마토 무른 밥	닭고기 근대 숙주 토란 양배추 느타리버섯 무른 밥	닭고기 근대 숙주 토란 양배추 느타리버섯 무른 밥	닭고기 근대 숙주 토란 양배추 느타리버섯 무른 밥
저녁	대구살 두부 비트 애호박 토마토 무른 밥	대구살 두부 비트 애호박 토마토 무른 밥	대구살 두부 비트 애호박 토마토 무른 밥	대구살 근대 숙주 토란 양배추 느타리버섯 무른 밥	대구살 근대 숙주 토란 양배추 느타리버섯 무른 밥	대구살 근대 숙주 토란 양배추 느타리버섯 무른 밥

	33일째	34일째	35일째	36일째	37일째	39일째
아침	소고기 시금치 당근 밤 우엉 무른 밥	소고기 시금치 당근 밤 우엉 무른 밥	소고기 시금치 당근 밤 우엉 무른 밥	소고기 두부 미역 양파 무른 밥	소고기 두부 미역 양파 무른 밥	소고기 두부 미역 양파 무른 밥
점심	닭고기 시금치 당근 밤 우엉 무른 밥	닭고기 시금치 당근 밤 우엉 무른 밥	닭고기 시금치 당근 밤 우엉 무른 밥	닭고기 밤 단호박 브로콜리 무른 밥	닭고기 밤 단호박 브로콜리 무른 밥	닭고기 밤 단호박 브로콜리 무른 밥
저녁	오징어 시금치 당근 밤 우엉 무른 밥	오징어 시금치 당근 밤 우엉 무른 밥	오징어 시금치 당근 밤 우엉 무른 밥	멸치 두부 미역 양파 무른 밥	멸치 두부 미역 양파 무른 밥	멸치 두부 미역 양파 무른 밥

	40일째	41일째	42일째	43일째	44일째	45일째
아침	소고기 양송이버섯 파프리카 양파 애호박 무른 밥	소고기 양송이버섯 파프리카 양파 애호박 무른 밥	소고기 양송이버섯 파프리카 양파 애호박 무른 밥	소고기 콜라비 아스파라거스 깻잎 콩나물 브로콜리 무른 밥	소고기 콜라비 아스파라거스 깻잎 콩나물 브로콜리 무른 밥	소고기 콜라비 아스파라거스 깻잎 콩나물 브로콜리 무른 밥
점심	닭고기 양송이버섯 파프리카 양파 애호박 무른 밥	닭고기 양송이버섯 파프리카 양파 애호박 무른 밥	닭고기 양송이버섯 파프리카 양파 애호박 무른 밥	닭고기 콜라비 아스파라거스 깻잎 콩나물 브로콜리 무른 밥	닭고기 콜라비 아스파라거스 깻잎 콩나물 브로콜리 무른 밥	닭고기 콜라비 아스파라거스 깻잎 콩나물 브로콜리 무른 밥
저녁	새우살 양송이버섯 파프리카 양파 애호박 무른 밥	새우살 양송이버섯 파프리카 양파 애호박 무른 밥	새우살 양송이버섯 파프리카 양파 애호박 무른 밥	대구살 콜라비 아스파라거스 깻잎 콩나물 브로콜리 무른 밥	대구살 콜라비 아스파라거스 깻잎 콩나물 브로콜리 무른 밥	대구살 콜라비 아스파라거스 깻잎 콩나물 브로콜리 무른 밥

	46일째	47일째	48일째	49일째	50일째	51일째
아침	소고기 피망 애호박 감자 당근 팽이버섯 무른 밥	소고기 피망 애호박 감자 당근 팽이버섯 무른 밥	소고기 피망 애호박 감자 당근 팽이버섯 무른 밥	소고기 쥬키니호박 표고버섯 양파 강낭콩 무른 밥	소고기 쥬키니호박 표고버섯 양파 강낭콩 무른 밥	소고기 쥬키니호박 표고버섯 양파 강낭콩 무른 밥
점심	닭고기 피망 애호박 감자 당근 팽이버섯 무른 밥	닭고기 피망 애호박 감자 당근 팽이버섯 무른 밥	닭고기 피망 애호박 감자 당근 팽이버섯 무른 밥	닭고기 쥬키니호박 표고버섯 양파 강낭콩 무른 밥	닭고기 쥬키니호박 표고버섯 양파 강낭콩 무른 밥	닭고기 쥬키니호박 표고버섯 양파 강낭콩 무른 밥
저녁	문어 피망 애호박 감자 당근 팽이버섯 무른 밥	문어 피망 애호박 감자 당근 팽이버섯 무른 밥	문어 피망 애호박 감자 당근 팽이버섯 무른 밥	대게살 쥬키니호박 표고버섯 양파 강낭콩 무른 밥	대게살 쥬키니호박 표고버섯 양파 강낭콩 무른 밥	대게살 쥬키니호박 표고버섯 양파 강낭콩 무른 밥

6. 완료기 이유식

		1일째	2일째	3일째	4일째	5일째	6일째
반찬	아침	소고기 청경채 표고버섯 파프리카	소고기 청경채 표고버섯 파프리카	소고기 청경채 표고버섯 파프리카	소고기 토마토 양배추 표고버섯	소고기 토마토 양배추 표고버섯	소고기 토마토 양배추 표고버섯
	점심	닭고기 단호박 양파 비타민	닭고기 단호박 양파 비타민	닭고기 단호박 양파 비타민	닭고기 감자 당근 새송이버섯	닭고기 감자 당근 새송이버섯	닭고기 감자 당근 새송이버섯
	저녁	광어 참외 쑥갓 감자	광어 참외 쑥갓 감자	광어 참외 쑥갓 감자	게살 두부 브로콜리 팽이버섯	게살 두부 브로콜리 팽이버섯	게살 두부 브로콜리 팽이버섯
밥		2배 진 밥			2배 진 밥		
		7일째	8일째	9일째	10일째	11일째	12일째
반찬	아침	소고기 참외 배추 당근	소고기 참외 배추 당근	소고기 참외 배추 당근	소고기 비타민 강낭콩 우엉	소고기 비타민 강낭콩 우엉	소고기 비타민 강낭콩 우엉
	점심	닭고기 단호박 양파 애호박	닭고기 단호박 양파 애호박	닭고기 단호박 양파 애호박	닭고기 단호박 오이 청경채	닭고기 단호박 오이 청경채	닭고기 단호박 오이 청경채
	저녁	오징어 가지 파프리카 무	오징어 가지 파프리카 무	오징어 가지 파프리카 무	새우 콩나물 두부 피망	새우 콩나물 두부 피망	새우 콩나물 두부 피망
밥		2배 진 밥			2배 진 밥		

		13일째	14일째	15일째	16일째	17일째	18일째
반찬	아침	소고기 복숭아 근대 쥬키니호박	소고기 복숭아 근대 쥬키니호박	소고기 복숭아 근대 쥬키니호박	소고기 표고버섯 키위 감자	소고기 표고버섯 키위 감자	소고기 표고버섯 키위 감자
	점심	닭고기 감자 부추 파프리카	닭고기 감자 부추 파프리카	닭고기 감자 부추 파프리카	닭고기 팽이버섯 사과 단호박	닭고기 팽이버섯 사과 단호박	닭고기 팽이버섯 사과 단호박
	저녁	대게살 아보카도 쑥갓 양파	대게살 아보카도 쑥갓 양파	대게살 아보카도 쑥갓 양파	광어살 느타리버섯 비트 양배추	광어살 느타리버섯 비트 양배추	광어살 느타리버섯 비트 양배추
밥		2배 진 밥			2배 진 밥		
		19일째	20일째	21일째	22일째	23일째	24일째
반찬	아침	소고기 토마토 비타민 팽이버섯	소고기 토마토 비타민 팽이버섯	소고기 토마토 비타민 팽이버섯	소고기 키위 만가닥버섯 브로콜리	소고기 키위 만가닥버섯 브로콜리	소고기 키위 만가닥버섯 브로콜리
	점심	돼지고기 깻잎 파인애플 표고버섯	돼지고기 깻잎 파인애플 표고버섯	돼지고기 깻잎 파인애플 표고버섯	닭고기 비트 양파 애호박	닭고기 비트 양파 애호박	닭고기 비트 양파 애호박
	저녁	대구살 콩나물 두부 브로콜리	대구살 콩나물 두부 브로콜리	대구살 콩나물 두부 브로콜리	가자미 아스파라거스 아보카도 톳	가자미 아스파라거스 아보카도 톳	가자미 아스파라거스 아보카도 톳
밥		2배 진 밥			2배 진 밥		

		25일째	26일째	27일째	28일째	29일째	30일째
반찬	아침	소고기 복숭아 양배추 팽이버섯	소고기 복숭아 양배추 팽이버섯	소고기 복숭아 양배추 팽이버섯	소고기 비트 표고버섯 청경채	소고기 비트 표고버섯 청경채	소고기 비트 표고버섯 청경채
	점심	닭고기 양파 부추 만가닥버섯	닭고기 양파 부추 만가닥버섯	닭고기 양파 부추 만가닥버섯	닭고기 브로콜리 키위 콩나물	닭고기 브로콜리 키위 콩나물	닭고기 브로콜리 키위 콩나물
	저녁	광어살 토마토 깻잎 두부	광어살 토마토 깻잎 두부	광어살 토마토 깻잎 두부	가자미 당근 양파 팽이버섯	가자미 당근 양파 팽이버섯	가자미 당근 양파 팽이버섯
밥		2배 진 밥			2배 진 밥		
		31일째	32일째	33일째	34일째	35일째	36일째
반찬	아침	닭고기 비트 표고버섯 배추	닭고기 비트 표고버섯 배추	닭고기 비트 표고버섯 배추	소고기 감자 표고버섯 부추	소고기 감자 표고버섯 부추	소고기 감자 표고버섯 부추
	점심	닭고기 당근 팽이버섯 양파	닭고기 당근 팽이버섯 양파	닭고기 당근 팽이버섯 양파	돼지고기 파프리카 양파 브로콜리	돼지고기 파프리카 양파 브로콜리	돼지고기 파프리카 양파 브로콜리
	저녁	가자미 브로콜리 키위 콩나물	가자미 브로콜리 키위 콩나물	가자미 브로콜리 키위 콩나물	광어살 토마토 팽이버섯 두부	광어살 토마토 팽이버섯 두부	광어살 토마토 팽이버섯 두부
밥		2배 진 밥			2배 진 밥		

		37일째	38일째	39일째	40일째	41일째	42일째
반찬	아침	소고기 아욱 양파 키위	소고기 아욱 양파 키위	소고기 아욱 양파 키위	소고기 무 양파 국	소고기 무 양파 국	소고기 무 양파 국
	점심	두부 애호박 당근 양파	두부 애호박 당근 양파	두부 애호박 당근 양파	닭고기 당근 파프리카 오이	닭고기 당근 파프리카 오이	닭고기 당근 파프리카 오이
	저녁	달걀 후라이	달걀 후라이	달걀 후라이	가자미구이	가자미구이	가자미구이
밥		2배 진 밥			2배 진 밥		

		43일째	44일째	45일째	46일째	47일째	48일째
반찬	아침	소고기 표고버섯 배 시금치	소고기 표고버섯 배 시금치	소고기 표고버섯 배 시금치	소고기 파인애플 당근 배추	소고기 파인애플 당근 배추	소고기 파인애플 당근 배추
	점심	닭고기 오이 사과 양파	닭고기 오이 사과 양파	닭고기 오이 사과 양파	돼지고기 사과 새송이버섯 양파	돼지고기 사과 새송이버섯 양파	돼지고기 사과 새송이버섯 양파
	저녁	달걀 파프리카 팽이버섯 무	달걀 파프리카 팽이버섯 무	달걀 파프리카 팽이버섯 무	두부 새우 토마토 애호박	두부 새우 토마토 애호박	두부 새우 토마토 애호박
밥		2배 진 밥			2배 진 밥		

7. 건강을 위한 제언

건강한 식단

이유식을 만들며 어른들도 함께 맛을 보곤 했다. 이 과정에서 확신하게 된 것은 음식은 단순한 에너지원이 아니라 '약'이 된다는 사실이었다. 식재료 본연의 맛을 살려 조리한 음식을 먹으니, 불편했던 속이 편안해졌고 활동할 때도 든든했다.

그런데 많은 사람들이 남녀노소 가리지 않고 '배가 고프니 적당히 한 끼 때우자'거나, '맛있는 게 최고'라며 자극적인 배달음식을 시켜먹거나, '집 밥을 해먹으려면 너무 귀찮으니까 오늘은 일단 편하게 먹자'는 등, 건강한 식생활로의 변화를 차일피일 미루곤 한다. 집 밥을 해 먹는 사람들도 식재료 본연의 맛을 살린 '최강 이유식' 조리법과는 동떨어진 방법으로 음식을 만들어 먹으니, 음식이 '약'의 역할을 제대로 하기 어렵다.

1950년대 이후 우리나라를 포함한 많은 나라에서 가공식품이 범람하게 되었고 잘못된 식습관과 더불어 온갖 종류의 만성병이 넘치게 되었다. 그러다보니 만성병에 걸릴까봐 신경을 쓸 수밖에 없게 되었고, 만성병에 걸린 사람들은 또 어떻게 치료를 해야 하는지 걱정이 클 수밖에 없다. 이를 해결하기 위해 사회적으로 지불해야 하는 대가 또한 엄청나다.

이제 암은 세 사람 중 한 명꼴로 걸리는 흔한 병이 되었다. 그리고 당뇨 전 단계에 머물러 있는 사람들을 포함하면 머지않아 전 국민의 절반 가까운 사람들이 당뇨환자가 될 것이라고 한다. 잘못된 식습관으로 인한 폐해가 어느 정도인지 가늠하기 어려울 정도이다. 심지어 치매 또한 10~15년 전의 잘못된 식습관이 그 원인 중의 하나라고 한다.

그런데 다행스럽게도 우리 몸은 스스로 건강하게 유지하고자 하는 '항상성'을 가지고 있어서 면역 체계, 해독 체계, 호르몬 체계, 장-뇌 축 등으로 5중 6중장치가 준비되어 있다. 성인들도 '최강 이유식'의 원리를 적용한 식습관을 실천한다면, 질병에 걸렸다 하더라도 회복될 가능성이 있으며, 병원이나 건강식품의 신세를 지지 않고도 건강을 유지할 수 있으리라 생각한다.

무엇보다 '최강 이유식' 조리법을 가장 시급히 적용해야 할 분야는 환자식이다. 그 중에서도 특히 수술 환자는 병원에서조차 충분한 영양을 공급받기 어렵고, 가정에서도 영양분을 잘 흡수할 수 있도록 조리하기가 쉽지 않다. 이 때 초기, 중기, 후기, 완료기 이유식 조리방법을 환자 단계별로 적용한다면, 제대로 된 환자식을 쉽게 만들 수 있다.

또한 식사를 조절하기 힘든 당뇨 환자를 위한 당뇨식, 소화기능이 떨어져 제대로 영양분을 섭취하지 못하는 노인들을 위한 노인식을 만들어야 할 때, 배달 음식에 길들여져 비만해 진 아이들과 인스턴트 음식에 중독된 청소년들을 해독시켜 건강한 몸을 되찾게 하는데도 최강 이유식 조리법은 큰 도움이 될 것이다.

당뇨식

우리는 혈중 당의 농도가 높아지는 당뇨병 환자를 주변에서 흔히 만나게 된다. 당장 심각한 증상이 나타나지 않기 때문에 가볍게 여기기 쉽지만, 뇌 질환, 실명, 신장 이식, 사지 절단 등 온 몸에 합병증을 일으키니 어떻게 보면 암보다 더 무서운 질병이라 할 수 있다.

탄수화물을 제한하거나, 운동, 부족한 인슐린 투여 등의 방법으로 치료가 진행되는데, 근본적인 치료라기보다 합병증 발생 시기를 늦추는 정도의 관리적 치료에 머물러 있다고 할 수 있다.

그런데 대부분의 기능의학자들과 많은 현대의학 의사들은, 당뇨란 과다한 당 섭취뿐만이 아니라 동물성 단백질과 지방 섭취, 가공식품 중독 등 잘못된 식습관으로 인해 몸의 정교한 장치가 이상이 생긴 것이라고 말하고 있다. 그래서 음식으로 당뇨병의 원인을 해소하고, 또 고칠 수 있다고 주장한다. 물론 제대로 된 치료를 하려면, 단순한 집밥 수준의 식습관만으로는 부족할 것이다. '최강 이유식'처럼 다양한 식재료로 '음식이 약'이 되도록 식재료 본연의 맛을 느낄 수 있게 조리할 때 최강 당뇨식이 될 수 있을 것이다.

노인식

최강 이유식이 적용될 수 있는 또 다른 분야는 우리나라가 처한 심각한 숙제 중 하나인 고령화 분야이다. 65세 이상인 사람들의 비중이 20%를 넘으면 초고령 사회라고 하는데, 우리나라는 이미 그 단계에 들어섰다.

평균수명이 늘어나고 있다는 것은 축복받을 일이지만, 자세히 들여다보면 어두운 부분이 도드라져 보인다. 인간다운 삶을 제대로 영위할 수 없는 건강 상태인데도 불구하고, 의료보험의 혜택으로 요양병원 등에서 단순히 수명만을 연장하고 있는 경우가 있어 마음이 무겁다.

그런가 하면, 베이비부머 세대가 노인 나이에 접어들게 되면서 실력과 체력이 뛰어나 충분히 사회에 기여할 수 있는 건강 상태인데도 불구하고, 현실이 이들을 수용하지 못하는 경우도 있다. 이 모든 문제들이 저출산과 맞물려 있어 걱정스럽다.

노인이 되면 체력이 떨어져 쉽게 피로해지므로 음식 만들기를 꺼리게 되고 한 끼 떼우는 식으로 식사를 하는 경우가 많아진다. 삶의 활력이 줄어든 것이 숨어 있는 원인이라 할 수 있을 것이다.

'최강 이유식'의 건강한 조리법을 노인식을 만들 때 제대로 적용할 수 있다면, 이러한 여러 문제를 잘 풀 수 있는 실마리가 될 수 있으리라 생각한다.

외할머니가 알려주는 최강 이유식

1판 1쇄 인쇄 2025년 10월 01일
1판 1쇄 발행 2025년 10월 09일

지은이 정진숙
발행인 김소양
자문 장영규 **진행** 류경화 **사진** 이현진
편집 권효선
마케팅 이희만

발행처 (주)우리글
출판등록번호 제321-2010-000113호
출판등록일자 1998년 06월 03일
주소 경기도 광주시 도척면 도척로 1071
마케팅팀 02-566-3410 **편집팀** 031-797-3206 **팩스** 02-6499-1263
홈페이지 www.wrigle.com

ⓒ 정진숙, 2025

다밋은 우리글의 임프린트입니다.
이 책은 저작권법에 따라 보호받는 저작물이므로 무단전재와 무단복제를 금합니다.
이 책의 전부 또는 일부를 이용하려면 반드시 저작권자와 다밋의 동의를 받아야 합니다.

값은 표지에 있습니다.

ISBN 978-89-6426-115-6 13590

잘못 만들어진 책은 구입하신 서점에서 교환해드립니다.